识干家

企業閱讀　學以致用

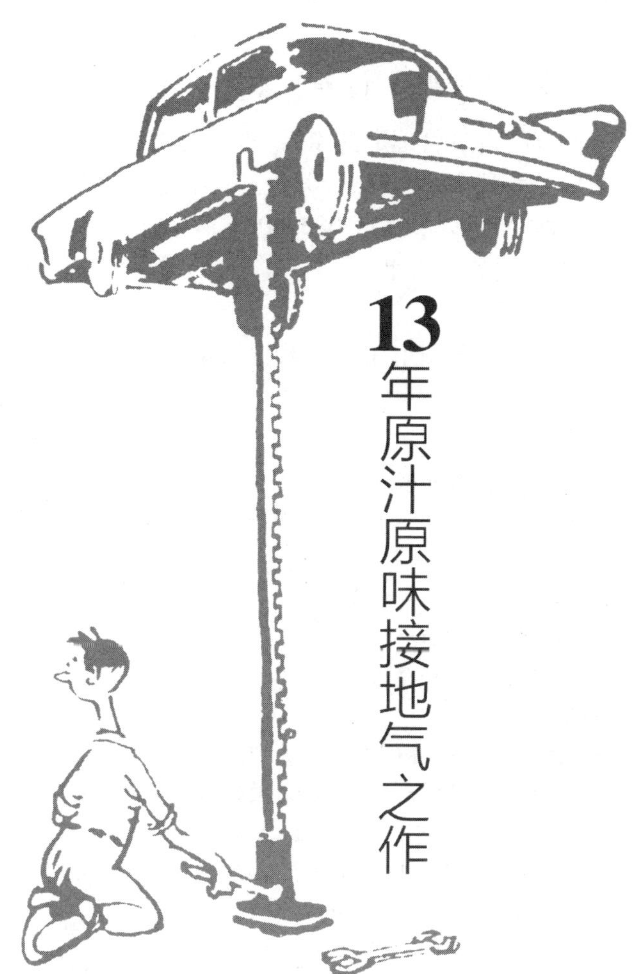

车间人员管理那些事儿

制造业员工关系管理的寻常事

岑立聪◎著

中华工商联合出版社

图书在版编目（CIP）数据

车间人员管理那些事儿/岑立聪著．—北京：中华工商联合出版社，2014.3

ISBN 978-7-5158-0839-0

Ⅰ．①车… Ⅱ．①岑… Ⅲ．①车间管理 Ⅳ．①F406.6

中国版本图书馆CIP数据核字（2014）第014024号

车间人员管理那些事儿

作　　者： 岑立聪
责任编辑： 于建廷　臧赞杰
责任审读： 郭敬梅
封面设计： 久品轩设计
责任印制： 迈致红
出版发行： 中华工商联合出版社有限责任公司
印　　刷： 河北宝昌佳彩印刷有限公司
版　　次： 2014年3月第1版
印　　次： 2022年11月第2次印刷
开　　本： 787mm×1092 mm　1/16
字　　数： 200千字
印　　张： 13.5
书　　号： ISBN 978-7-5158-0839-0
定　　价： 78.00元

服务热线： 010－58301130
团购热线： 010－58302813
地址邮编： 北京市西城区西环广场A座19－20层，100044
http：//www.chgslcbs.cn
E-mail：cicap1202@sina.com（营销中心）
E-mail：gslzbs@sina.com（总编室）

博瑞森图书：企业视角　本土实践

亲爱的读者朋友：

也许您是博瑞森图书的老读者，也许是新朋友，欢迎您阅读博瑞森图书！

当今中国，各行各业都存在着转型升级的压力与机遇。博瑞森图书与您一同应对转型挑战并发现其带来的机遇。

我们一直在问：什么样的书能为您解决管理难题并带来启发？

我们一直在找：哪些作品最能帮助企业从跟随到领先？

我们一直在做：把最好的作品以最便捷的方式呈现给您，纸质版、电子版、听读版、书摘邮件、微信……

我们策划图书的原则是：

• 企业视角——与您一样，做水中的游泳者，而非岸上的观众或教练，企业的困惑就是我们的任务。

• 本土实践——与您一样，立足本土环境，追求卓越实践，传播最适合当下中国企业的管理之道。

针对部分读者朋友提出的“道理都懂了，但还是不知道怎么做？”2014年，我们将推出“作者见面会”，内容涉及营销、管理、生产、HR 等诸多领域。让来自实战一线的专家作者现场传授，为企业读者 1 对 1 辅导。

如果有一天，您把博瑞森图书视为您优秀的事业伙伴、管理助手，我们也就实现了自己的梦想。

博瑞森图书

010 – 51900529

bookgood@ 126. com

自 序

制造业车间人员需要这样管

中小制造企业属于劳动力密集型行业，构建和谐的员工关系、有效调岗调薪、解决员工之间的突发事件、处理“刺头”员工……员工关系管理者在很多事情上需要无师自通。在互动中，还需要有“认真不当真”的心眼及树立起“好不一定是对”的理念；在沟通中，既要知其然，更要知其所以然。

回想起我入职的第一天，碰到了一个不大不小的软钉子。我喜欢走动式管理，于是，和总经理一起去车间生产现场“接地气”。在金工车间，我们看到并列一组的两位仪表车床工正在“吞云吐雾”，总经理表情严肃却沉默无语……事后得知，这家工厂的车间员工对制度的“敏感”已经到了熟视无睹的地步。

车间员工习惯带早点在工作时间就餐，装早餐的塑料袋、一次性快餐盒满地都是，难怪扫地阿姨每天都向人力资源部投诉并大倒苦水：“这样下去，我都快变成环卫工了……”

上述现实版车间场景绝对不是个案！健全的制度如果得不到执行，制定得再好也是 A4 纸一张，只能停留在纸面上。如何让制度落地，则是制造业人力资源管理人员亟待破解的棘手难题。

让制度落地，说起来容易，做起来其实并不容易。作为管理者，遇到反复、反弹，甚至反常的事情都是正常的，在制度的起跑线上既要当好运动员又要做好裁判员，碰到狠角色，你得跟他比耐力和狠劲。

在制造业车间人员普遍对制度不“感冒”的大环境下，要让制度与车间人员并行不悖确非易事。不要说制度落地，就凭车间人员在工作场所旁若无人地吃早点和吸烟就够你折腾的了……

本书案例皆出自本人日常工作中与车间人员劳神费力地面对面交锋的真实“桥段”，旨在帮助制造业车间人员管理者少走弯路，提供多种有效的管理方法、方式，使制造业车间人员管理不再举步维艰！

一般常规性的车间人员管理状况都能在本书中找到应对之策，让读者有身临其境之感。

写作这本书，一方面，是对自己多年从事制造业车间人员管理工作的梳理和总结，以使自己能够更好地在车间人员管理这一领域继往开来、独树一帜；另一方面，也希望给广大从事制造业车间人员管理的同仁们带来启发和借鉴价值。如果读者能从我的经历中汲取其中的“三言两语”，我会深感欣慰。

对新上路的车间管理者同仁而言，急需一本“以问题为引子，用经历说话”的职场蓝本为自己导航，而本书，或许能够助大家多一把有用的“刷子”和增一分工作的自信。

在本书中，我很荣幸地扮演了一回使者的角色。

让制度落地，让管理不再艰难。

是为序！

岑立聪

草于浙江慈溪

目录
Contents

第三章　招聘离职篇

第四章　日常管理篇

【第一章】

纪律管理篇

一起打架事件

兵无常势，水无常形。对突发恶性事件的处理要有多套应对方案，要善于在否定中寻找最佳方案，要多听几种声音、多想几个为什么，千万注意不要让当事人的冲动情绪左右你的判断。

2013 年春节假满开工后，公司大批量招聘流水线普工，为充实和储备足够的人力资源，公司通过各个招聘渠道想方设法吸引新员工，其中，难免出现滥竽充数的状况。于是，一些磕磕碰碰的事情也在所难免地冒出头来。

装配车间的流水线 A 线，毫无征兆地发生了一起打架事件，导致车间流水线 A 线秩序大乱。人们都有从众和猎奇心理，20 多人趁着大猛和小朱打架，放下手中的活儿围拢过来凑热闹。几个回合下来，大猛把小朱打得鼻青脸肿，最后两拳打在小朱的后脑勺上，小朱差一点晕厥。大猛打人后害怕小朱叫人过来报复，遂在打出最后一拳后急忙下楼，从车棚里推出自己的电动车准备溜出公司大门。门卫室执勤的老张拦住大猛要他出示出门证，大猛谎称出门证在车间线长那里，趁门卫老张愣神的一刹那赶紧驶出公司大门。

不一会，装配车间 A 线的线长老潘急匆匆赶到，问："大猛有没有离厂?”说起大猛，门卫老张气不打一处来，痛诉大猛像疯子一样，差点把他撞倒在地。老潘得悉大猛不辞而别时，叹了一口气。老潘刚从员工身份晋升到基层管理岗位，刚上任就碰到这档子事情，让老潘感觉很不是滋味。车间开工伊始，人员进出频繁，本来线长们为排工序事宜就忙得不可开交，这件事过后，车间员工人心浮动。生产部最害怕带有暴力倾向的斗殴事件，于是，干脆把这件闹心事上交给公司的综合管理部，转了一圈，这个案子转到了我的面前。

事件发生后，我认为，首先要把整件事的来龙去脉弄清楚，处理这样的突发性事件，最忌讳先入为主的意见，管理者把大猛说得一无是处，我有些存疑，因为打架是两个人的事。通过前后三次的现场调查取证，整个事件的脉络已经清晰了：大猛和小朱是流水线后道包装整理线上的工友，彼此为前后工序，大猛负责产品放箱、小朱负责封箱堆码。事发时，集装箱货车等着产品箱凑数，而后道包装整理是承前启后的关键环节，大家都急着赶货，大猛怪小朱封箱动作不利索，影响前道工序，于是两人发生口角。大猛是个急性子，为人憨厚话不多，一时性起与小朱打了架，打斗中，大猛也中了招，只不过受伤害的程度轻微一些。

双方打架应该是意气用事之举，但不能久拖不决，以免内部产生不良舆论。鉴于此，我把打架的另一方小朱叫到办公室，明确地告诉他：“公司制度明令禁止打架，受伤了抓紧时间医治，这三天暂时不用来上班了，不管大猛来不来上班，这件事情公司会公平处理的，绝不会因为大猛逃避而不了了之。”我先给小朱吃了一颗定心丸。小朱离开后，我随即给大猛打电话，电话语音提示关机。联系不上大猛，我也有些担忧了：要是找不到大猛，医药费就要由公司买单了，两人刚来公司，也没有工资积累，想到这，我心中打起鼓来。

意想不到的是，第二天，大猛的父亲，一个年逾六旬的扫马路的环卫工，特地找到公司替他儿子“自首”，这个结局多少让我感到惊讶和不解。要知道，他的儿子大猛已是三十几岁的人了，按照常理，不需要父亲为他圆场，但是大猛父亲老向的一番话让我对眼前这位风里来雨里去的父亲产生敬意。他说：“大猛这孩子从小就患了小脑先天发育不良的病，患这个病的人最明显的特征就是遇事爱冲动，自己控制不住自己，智力方面也存在一定的认知障碍。”顿了顿，老向很有骨气地向我表态：“对方受伤了，尽管去医院治疗，不管多少医药费我都会按责任分担的。”望着眼前这位身体略显佝偻的老人，我肃然起敬。

我告诉他：“公司对此事的调解会在三天以后进行，不该由大猛承担的责任，公司绝不会强加在他的头上。据了解，被打伤的人也在冲突中动过手，我们公司也会酌情考量这些冲突细节的，请放心。”老向向我告辞，感受到这位父亲的坦荡心胸和通情达理的豁达情怀，我赶紧上前送其一程。打架事件的调处我也经历过多次，印象中大多数是打架一方的家长替自己的孩子来公司兴师问罪，像今天这样，儿子闯祸，家长替儿子认错揽责的，我还是第一次遇到。回到办公室，我思考对大猛和小朱的调处方案，考虑到打架起于车间流水线，我也要征求车间对该事件的调处立场。

说明来意后，车间主任想了想说：“一个巴掌拍不响，依我看，打架双方都有责任，还是各打五十大板好了，省得车间以后再起拳打脚踢的事端。”主任轻描淡写的口吻，让我感觉主任有点把这事当儿戏的味道。管理的目的是分清主次、理顺关系，并非无原则地息事宁人、和稀泥，如果调处结果如主任所愿，那么，我们的制度——“约定俗成”的“游戏规则”就没有公平公正可言了。

三天后，我依据事实情节研判，做出了以下调处决定。

（1）双方责任分解：大猛承担 70%，即负担小朱 70% 的医药费，另外 30% 的医药费由小朱自负。

（2）根据现行制度规定，打架负主要责任的一方做离职处理，鉴于此，公司解除了与大猛的劳动关系。

冲动的代价

作为管理者，控制好自己才能管理好别人。职场有时如战场，管理者凌驾于员工之上无异于“引颈自刎”。职场条框无儿戏，修身养性永远是管理者的第一要务。

“忍”字头上一把刀，缺乏忍功修养的管理者最终都会坐上“过山车”。

装配车间主管朱贵，话不多，但是做事情有些“冒进”，按照上海话来说，人有点戆大。“戆”也不是简单说说的，最近朱贵经历了一件他本人自认为很“无奈”而又“自鸣冤枉”的囧事。

事情还得从车间产品流程衔接开始说起，朱贵负责整个装配车间的产品工艺流转，平时与生产部的配货员李明搭档运转物流。某天上午快临近11点下班的时候，朱贵因为产品需要出货包装，催促李明抓紧时间用四轮的电瓶车把货拉到指定的中转仓库堆放，而李明此时已经开始在做下班前的收工准备，把工作手套脱下来了，人也准备到车间现场办公室休息了。朱贵见了朝李明大声嚷嚷：“老李，快点过来！下班前先把我车间里的这些货拉到中转仓库去，下午一上班要包装出货的！”

而李明也不是随便好使的主儿，朱贵叫得越狠他越不理睬，后来干脆背对朱贵装没听见。朱贵心里想想就有气：“这撑的是哪副架子呀，我这样快马加鞭地做事，还不是为了公司能够顺畅出货呀?”想到这，本来人有点戆的朱贵气呼呼地闯进车间现场办公室，粗壮的右手掌一把按在李明的左肩胛上，质问李明：“你到底去不去?”李明今天也好像有意与朱贵抬杠：“领导，现在我没有时间陪你了，铃一响我要排队去食堂打饭，你也知道，食堂排队晚了就只能吃剩菜剩饭了，对不起！你要自己去操作电瓶车了!”话音刚落，李明不耐烦地把配货的电瓶车钥匙使劲地放在办公桌上。

现场还有两个生产部统计文员和上了年纪的仓库会计老董，见势都上前劝和，两人无声地僵持了几分钟。突然间，朱贵变掌为拳，抬高右手垂直地打在李明的肩胛上，这一打不要紧，李明在座位上半晌直不起被打的左肩。李明掏出手机给我打电话：“领导，装配车间办公室出事情了，请马上过来处理下!”李明的口气似乎不容商量。

肯定摊上麻烦事了，我本来在食堂维持秩序，一个没头没脑的电话让我一路快步赶到了事发的第一现场，只见两人怒目相对，看来两人动真格了。为了缓和两人的气氛，我劝李明先去食堂就餐，并且表示下午一上班我会了解情况和向上汇报（因为朱贵是车间主管，处罚方案需会同总经理商定），解决方案确定后会向双方当事人反馈。李明倒也配合，先离开去就餐了，而朱贵，还在喋喋不休地谴责李明做事太不像话。我上前随手轻拍了他背部一下，说：“你还没闹够呀，亏你还是车间主管，你怎么跟他也有纠缠啦?你们平时工作配合不是很默契吗?我陪你先去吃饭，饭后再详细调查情况!”这样，我总算把两人都劝离了现场。

下午上班，我先打电话把仓库会计老董叫到一楼会议室，基本摸清了事件的来龙去脉和大概的责任归属情况。接着，我先传唤李明过来谈话（因为李明是实际受害者兼原告，所以要先倾听他的述说）。李明进来时，我已经在他的位置上放了一杯纯净水，让座后示意他细细讲来，越详细越好。我在一旁若有所思地做着记录，遇到关键“节点”，我叫暂停后一句一段地与他核对。当然，人都有避重就轻的心理，谈话内容也仅作“参考信息”对待。我耐心地反馈李明的陈述意见和权利主张，最后，离席时我还郑重其事地与李明握了握手，以示重视和安慰。

送走了李明，我又趁热打铁与朱贵沟通并且提出自己对该事件的看法和意见，并告诫他：“就本次事件来讲，你把自己置于与普通员工同等的水平上，你这看似下意识的随意一拳，其实把管理人员的素养和威信破坏和降低了，可能因此衍生出管理干部打员工的言论，毕竟人言可畏。更何况，公司内部管理层与操作层的员工本来就存在隔阂，现在出了这事件，也难保别有用心的问题员工不乘虚而入。”

在我的多重分析和对事态推测的理论下，朱贵彻底领悟到了事件的严重性和由此带来的负面后果及影响，但对事件的起因还是耿耿于怀，表示如果把责任完全归咎到他头上是不能接受的。我告诉他：“鉴于你的管理干部的身份，在制度的框架内，我们还是会倾向保护普通员工的权益，这一点你也要有一定的心理准备……”

这次谈话，基本上也控制了双方情绪，达到了避免再起冲突的目的。

第二天，我就此事件向总经理专门汇报，并提出了自己的解决方案。我表示出于对管理队伍建设的长远考虑，对管理人员违规除按照制度的量化规定外，必须再加重处罚，以儆效尤！同时，当事人李明必须向公司做出深刻的书面检讨，避免再犯。

总经理表态：管理干部与员工发生冲突，查明原因的情况下必须先追究管理干部的过错。朱贵虽然平时工作任劳任怨，但他此次的表现，与管理干部的行为准则逆向而行，必须从重处理。总经理的意见是扣除朱贵的年终考核奖 1000 元。同时，总经理提示人力资源部，要把本次事件的处理结果进行公示，以期在全厂起到引以为戒的作用。

制度预警好执法

在执行制度时，硬的需要更硬，软的需要更软，在不与公司原则相碰撞的前提下，对员工微小的违规，管理者不妨对违反者处以“缓刑”，给对方一个台阶下。当然，管理者要掌握好“事不过三”的原则，如果对方一意孤行，就必须祭出“杀威棒”。因为有预警在先，对方也不会再有“谓言之不预也”的借口了。

在企业，员工因为工作日违纪而遭受处罚的现象很多，只不过在《劳动合同法》实施成熟的今天，一些与《劳动合同法》相抵触的公司制度已逐渐淡出员工的视线。

为适应新形势，公司应从原先对员工进行经济处罚的“一刀切”向以考核量化处分为目的的新型执法模式转变。考核量化处分模式的实际操作是，根据岗位性质，设定月度考核金额为200~500元；预先配置给每个员工100分的基础分，每分折合2~5元，月底视现场看板打“☆（空心表示违规的标志）”次数扣除金额，制度执行优胜的员工享有全额考核金。

从处罚到处分，看得见的最大变化是，无论计件还是计时，员工的月度工资依然是“旱涝保收”；真正在“流动”的属于工资外的考核金。此方案出台前，公司工会还专门组织召开了“两会”（即职工代表及工会会员代表大会）进行民主讨论，绝大多数与会者表示赞成，通过正常的“法律”流程后，该项全员考核方案开始在全公司实行。

再好的制度也需要人执行，纸上谈兵解决不了问题，如何恰到好处地执行是关键。在制度实施前，我在一次非正式的民意调研中发现，虽然员工的正常工资不再与考核挂钩，但有不少员工对每月额外的考核金扣分亦心存纠结。我在心中考量，可否在制度执行的方式上做一个流程上的缓冲。经过反复衡量和可行性论证，最后，我决定实施**制度预警**这个管理新举措，并且在实施前进行了广泛的“热身”——向员工解释制度预警的字面意义和操作步骤，即犯了微小错误的员工第一次享有“豁免权”，第二次起按照正常制度处分的流程走！在做制度预警策划时，我特别提示：打架斗殴、妨碍生产等带有群体危害性质的严重违规不在豁免之列。

由于前期制度预警做了铺垫，所以，在第一月实施过程中基本上顺风顺水，没有出现预料中的应急状况。然而，任何事情的开展，时间久了都会出现心理疲劳，更何况制度预警这个管理工具对普通一线员工而言，并非完全深入人心。一项新生的管理文件的施行，需要员工在思想和行为上经历一次转轨的过程，有的人适应了，有的人还在制度的门槛上徘徊，还存在作壁上观的思想。

针对个别员工在思想上拐不过弯来的情况，我专门组织召开了一次一线基层管理者参加的“制度预警再动员”的专项工作会议。明确要求与会的管理者要为“意识形态”上的困难户做好面对面的帮扶，消弭不正确的认知和偏见，管理者要适时踢好“临门一脚”。散会后，与会者分头行动，对自己所分管的下属人员进行一次拉网式的过滤并及时为制度预警的困难对象补课。

试运行一个月，在对可能出现的状况进行预案性的沙盘推演后，制度预警正式驶入了执行的快车道，并在人防和技防上合二为一，即监控视频与现场管理者动态干预相结合。在操作实践中，制度预警这个新武器糅合了情、理、法三位一体的成分，既有软的温度，又有硬的力度，使员工在心理上有更多的缓冲空间接纳这个新生事物。

但是，任何事情的展开都不是一帆风顺的，制度预警自然也不能例外。

正式实施后的第50天，制造车间出现了一个啼笑皆非的状况，一位新员工已经接连5天不听劝告把早点带到车间现场，车间管理者公事公办，扣除一次豁免，其他四次都被写进了车间目视看板栏里。这位员工不知道是真不知道还是假装糊涂，他大摇大摆地踱进现场管理工作室，向车间主任咨询："另外四次可不可以用我的四个老乡的'豁免权'抵冲?"这样他就不算违规扣分。

主任还是第一次听到这样的提问，当场就回了他："你以为制度是按团队考核的啊？你是你，你老乡是你老乡，还是先绷紧你遵守纪律这根弦吧……"

制度预警虽然在一定程度上消减了员工对管理者执法时的抵触情绪，但公司里总会有"唯恐公司不乱"的激进"好战分子"，总想变着法儿地掀起点风浪，哪怕是一丁点的波澜也行。

古语云："树欲静而风不止。"生产第一现场发生的事情并不以管理者的意志为转移，因为一些不确定因素的冲击，使原本宽放甚至有些松散的管理秩序愈加脆弱。

打磨车间的老向未经车间人力资源部和车间领导的许可，私自带着老乡上岗，车间劝阻不了，便在第一时间向我打电话求援。就算是车间真需要招聘员工，也不能任由员工想当然地胡来，否则这股歪风不刹，后来者会群起效之。我在去车间的途中边走边思考……刚进入车间大门，就听到老向在现场对着主任吼叫，我马上示意主任先把老向带到车间现场工作室，以免使现场员工分神影响产品质量。

在工作室，老向站着理直气壮地向我投诉："我也是为公司做好事啊，现在招聘这么困难，怎么招也是招，为什么主任说我带过来的人不行，他这不是存心让我在老乡面前丢脸吗?"老向越说越激动，我说："你投诉管理者这是你的权利，我们没意见，这样，你先坐下来，你坐下来了我再跟你谈!"老向没辙，只好坐下，我告诉他："招聘要通过一个渠道进行，不也是出于为你介绍的老乡的安全考虑? 你带来的人没有打磨工作的经验，要是操作过程不规范出了工伤事故，这个责任谁承担，是你? 是主任? 还是我?"一连三问，当场把老向说得目瞪口呆! 我趁热打铁跟进："现在明白不准私自带人上班的危害了吧?"老向似乎心有不甘地追问："那我带过来的人就不管了?""不是不管，还要管好。"我告诉老向："你带来的老乡如果三级安全教育培训合格了，公司就照单全收，如果通不过，那只能请便了。"闻此，老向当场收敛了原先的态度，赔起了笑脸，连说那敢情好。

临走前，我正色地告诉老向："你这么一闹，知道产生了什么后果吗?"老向苦笑。"你带来的人，公司会想办法把他们留下来，也算是给你一个面子，但你今天的表现，要给你处分了!"老向也知道破坏生产秩序不在制度预警行列，知道老乡留下来有戏了，爽快地表示愿意接受违规处分。

制度落地最重要，管理者的方法是关键，预警只是"法外容情"的调味剂。

把禁烟进行到底

小洞不补，大洞吃苦。越是看似无关紧要的地方越要盯紧，制度需要热炉效应，执行只有两选一，不能有无间道模式。

冲压车间，燃油喷灯喷出来的火焰在火膛炉内呼呼作响，保守估计，火焰前端的热度超过800摄氏度。火膛炉内的铜段在喷灯火焰的喷射下变得通红，于是被火焰烤“熟”了的铜段被操作人员用火钳夹到了冲床模具里，倏忽间在模具里变成了成型产品。

这是我曾经服务过的企业的生产场景之一。你可能会想，在这样的车间里，吸烟应该没问题吧？答案是“NO”。在工作时间、在现场，你看不到吸烟的员工，在吸烟这个经常反复出现的老大难问题上，我的看法非常明确，即没有任何借口地执行禁烟。针对吸烟这个已存在的顽疾，我认为没有弹性调节的余地和缓冲的空间，该硬的时候必须一硬到底！否则，一旦制度成了被员工牵着的牛鼻子，执行就成了摆设或作秀。

我刚入职的时候，关于禁烟的规定，在该车间受到了群起而攻之的反抗。不仅员工怨声载道、牢骚满腹，甚至是生产部的领导心里也有“小九九”。为此事，冲压车间负责人及车间员工代表会同生产部领导来人力资源部交涉，我面无表情，任凭眼前的“不速之客”不厌其烦地游说，始终不为所动，直至对方怏怏而归。

次日上午上班，我多了个心眼，先不去办公室报到，而是去了冲压车间。我扫视了一下车间地面，发现一个烟蒂头躺在水泥地上冒着袅袅的青烟。我见状没有惊动现场准备上工的员工，一个电话叫来冲压车间负责人。

我问他：“现在你的车间有没有出现状况？”

“没有啊，什么状况？请指教！”

“指教不敢当。”我顿了顿，不紧不慢地问他，“在车间真的没发现什么？”

经我一再提示，这位负责人急忙弯腰捡起烟蒂，面部表情非常不自然，我顺势把他拉到一边，避开了员工的视线。工作对事不对人，在员工面前要维护他的权威。我质问他：“昨天大家刚碰过头，禁止吸烟制度是不会因为你们的‘上访’而改变的，作为车间执行的第一责任人，出现这种情况实在不应该，你们冲压车间工艺情况特殊，就安全而言，员工嘴上冒烟确实无关紧要。但是，制度不是针对一个部门的制度，而是对全公司所有现职人员一视同仁。”最后，我还请这位负责人对人力资源部的工作予以行动上的支持。说到底，工作还是要请各部门的头头脑脑做，操之过急会适得其反，我看火候也差不多了，便主动握住这位感到不好意思的负责人的手，表示大家以后多保持联系。

让沟通在和谐的氛围中结束，这是对人力资源管理从业人员的职业要求，也是对工作对象最基本的尊重。

冲压车间的吸烟事件刚告一段落，精工车间又出现了同样的状况。

相比较而言，精工车间监管的难度更大，因为精工车间主任本身就是一个烟不离手的“老枪”。冲压车间群体“上访”后的第三天，我按例巡转到精工车间的楼下，准备拾阶而上，却瞥见楼梯旁有三个烟蒂。当时，楼梯口无其他人员在场，我如果不想自找麻烦，完全可以若无其事地巡察他处，也不用得罪一线管理干部了。但我认为，制度之所以成为制度，在于制度的建立是出于公平、公正、公开的考量，执行不是一个时髦和流行的词汇，而是在以事实为依据、以制度为准绳的前提下，切实地拿到成果的过程。如果执行者视执行为畏途，人为地规避违纪，到头来只能自欺欺人，久而久之，自身也会成为制度执行的“问题人士”。其实，管理的最高境界是“不欺暗室”。

想到这，为不影响车间负责人的情绪，我没有直接上二楼的生产场所与这位负责人交谈，而是委婉地在电话里说：“××主任，不知道现在能否抽出几分钟时间下楼，我有些事情想与你沟通一下……”

该主任从车间现场赶过来与我会面：“哟，是部长嘛，什么事？请指示!”

“指示倒谈不上，××主任，我路过发现你管辖的责任区域有零星烟蒂，我想给你提个醒!”

××主任一眼就发现了目标，自觉地把烟蒂捡了起来，不好意思地说：“部长，你放心，这样的状况我会想办法杜绝，当然，责任全在我，平时对下面的员工督导不力，疏于检查。”××主任让我切身体会到制度的执行不是人力资源部一家包打天下，而是像××主任一样，需要协同作战、综合管理。团队合作是制度有效执行并取得成果的切入点和引擎。

制度执行的关键在于没有例外。企业是一个小社会，如何让传递制度正能量的火种传承并取得预期的成果，是摆在管理者面前的一道难题，其中，节点的把握和把控，需要持续地沟通。

制度面前无小事，如果你想把执行变成现实，唯有亲临其境及全力以赴！

当了回破案的侦探

面对诱惑，心志薄弱之人常常会做出临时起意的不规之举，对 HR 而言，劳心永远是先于劳力的第一要务，职场 HR，玩的就是“心计”。从某种意义上说，城府比城池更重要。

员工冲突在公司里频繁发生，当然，绝大多数都是鸡毛蒜皮的琐事，这些琐事对企业来说在所难免。可有一次，车间里出了大事，还差点惊动了当地警方。

装配车间采用流水线操作的管理模式，意味着整条流水线的作息时间必须是一致的，否则，开线就会受人员欠缺的影响，直至运转不起来，出现“趴线”的状况。上午下班铃一响，二楼装配车间的员工都跑到一楼食堂就餐，因为公司的作息时间是统一的，下班时间一到，工友们都会争先恐后地排队购餐。

为公平公正起见，公司规定每人每餐只能打一盘，不能代打。这样一来，秩序是规范了，可是大家都希望尽早吃到新鲜热乎的饭菜，于是，每次下班去食堂的路上都会看到一大群人跑步前进的场面。

食堂承包商单师傅曾经向我反映：装配车间这帮小青年来食堂的速度快得没法说，就餐速度也是“一流”的。这帮热情奔放的小伙子回到车间还有一个节目，就是用手机上网、发微信。这不，已经有不少员工三五成群地围桌（工作台）一起玩了。“呀！我的手机呢?”坐在流水线左线第五排的装配工小宝发现自己工位上的价值逾五千元的苹果手机不翼而飞。小宝一下子惊慌失措起来，要知道为了买这部苹果手机，小宝省吃俭用积攒了两个多月的工资，想到宝贝疙瘩说不见就不见了，小宝的心像针刺一样难受。小宝这么一叫，左邻右座工位上的员工全都围了上来，有替他惋惜的，也有主动帮小宝寻找的。

当大家因为小宝丢手机的事而众说纷纭乱成一锅粥时，上班铃声响了，车间流水线线长大卫踱进车间，小宝像看到救星似的马上向大卫报告。听说小宝把五千多元的手机丢失了，大卫也有点紧张了，感觉这是大事，作为车间综合事务的第一责任人，自己有不可推卸的管理责任。大卫定了一下神，把小宝叫到现场办公室，经过询问，基本上把整个事件的来龙去脉搞清楚了，他让小宝先回到工位上干活，自己在空白纸上用水笔比画着。

小宝前后左右的工友都被大卫列入了“嫌疑人”范畴，但是这些线索还不足以说明问题，因为中午休息一小时，找到最后去吃午饭和最先到达流水线现场的人是破获手机失窃案的关键。但是上午下班后，大家是一起去食堂的，更何况车间线长大卫当时也在车间殿后，事件应该是在午餐后发生的。破案的思路是有了，于是，大卫第一步是把全车间的人员重新排队摸底，逐个叫到现场办公室谈话，看会不会出现自动“自首”的情况。全车间 23 人，仅凭口供找出“作案之手”无疑是大海捞针。

整整一个下午，大卫都沉思在小宝丢失手机的情节回顾中，五千多元的手机失窃已经是很大的事情了，如果今天没有结果，以后查起来就更麻烦了，好在现在车间没有一个员工请假，嫌疑人应该还在车间里。会不会是工友搞恶作剧把手机藏到某个旮旯里了呢？于是，大卫把流水线车间里外查了个遍，但一无所获。

当大卫绞尽脑汁之际，突然想到了视频监控器。大卫来到我的办公室，在说明事由后，我会同大卫把中午午休一小时这个时间段的监控录像进行慢镜头回放。目标终于锁定，但是遗憾的是有三个嫌疑对象，唯一可以确定的是真正的窃贼一定混在其中，嫌疑对象基本固定，为手机物归原主提供了契机。大卫再接再厉，以再需了解情况为由，把视频显示中的阿杰、阿军、阿峰三人重新叫到车间现场办公室谈话，为防备相互串词，大卫一个一个地盘问，可阿杰、阿军、阿峰三人依然是一副事不关己的模样，矢口否认自己参与此事。时间分分秒秒过去了，倘若在下午五点下班前还没有明确结果，手机失窃事件要水落石出就更难了。

大卫来到我的办公室，我赶忙迎上去咨询事件进展情况。大卫一屁股瘫坐在我旁边的沙发上，边皱眉头边叹息："人可以确定是他们三个之一，现在三个人都不承认！"少顷，大卫望着我若有所思道："岑老师，我看还是这样吧，既然他们都不肯承认，我们就干脆报警好了，让派出所的人审他们，看他们招还是不招？"

大卫的话也不是没有道理，但我想，一部五千多元的苹果手机，已经够得上刑事立案标准了，但是这样一来，案子是破了，可那个拿手机的始作俑者也麻烦缠身了。

出于挽救和帮助这个因一念之差而犯错的员工，我计上心来，并与大卫探讨。我的措施是在车间公告栏上写一个声明，告知公司已经通过视频监控器锁定“目标对象”，限手机拿用的当事人在下班时把手机放到大卫的抽屉里（抽屉不上锁），自动上缴者，公司不予处罚。否则，明天公司将报警，后果自负！我还让大卫在公示栏的下面写上备注：该手机价值超过五千元，已达刑事案件立案标准！同时，我让大卫下班时在车间里暂时回避一下，以免让管理者发现带来不好的影响。

果不其然，下班后10分钟，大卫兴冲冲地跑到我的办公室，大声嚷嚷道：“岑老师，手机真的回来了！”

非工作时间违纪不姑息

工作日违纪不分 8 小时内外，为了维持制度的权威性，对制度方面的隐患，既要防微杜渐也要露头就打。“小题”有时需要大作。

装配车间的小魏星期三大喜，置喜宴于家中，邀请喜帖于三天前给了我。喜宴当天上午下班后，我和入选“红名单”的师傅一起驶向目的地。

小魏家境一般，现场喜席五桌。已到入席时间，众人刚寻好位置，公司车间里面就有人打来紧急电话，称下班后 10 分钟，精工车间车床工大石把五金车间的总电闸扳下来了。电话是打给生产部武部长的，老武一时不知所措，沉默了一会，轻声对对方说：“知道了，先把总闸刀扳起来。”趁着加菜的间隙，大石拉电闸的事情成了桌面上大家临时的谈资。大石在公司里是出了名的浑，平素，车间管理者对他也是敬而远之，免得他借机捣乱。

生产部武部长率先开了腔：“事情发生在午休时间，也没有完全跟制度‘接轨’，回去后要在思想上教育他，大石这个人遇事冲动的坏脾气非改不可！”打磨车间李主任接过话头：“今天中午这个事儿，也真不能把大石怎么样，毕竟不是上班时间，但是应该好好教育他，以防再犯!”其他几位同桌的管理者也附和。作为 HR，我当时为避免喜宴冷场没有直接表态，周遭环境也暂时不允许我表达反对意见，于是，大家三言两语后，心照不宣地及时转移了话题，气氛一下子又活跃了。

不管怎么样，事情已经发生，与宴者多少有些心事，我们一桌最早散席，赶在上班前到达公司。临进车间前，我把生产部武部长招呼到了办公楼一楼会议室，我郑重其事地与武部长沟通：“武部长，像今天中午大石的这个情况，我的观点是必须按工作时间的处罚条款处理，如果我们听之任之必将招引更多的‘大石’效仿，到时候，我们不是得罪一个人的事情了，后果可想而知……”

听闻我的一番警语，武部长抿紧了嘴唇，意识到了情况的严重性，通过几个回合的沟通，武部长回归到我的立场，统一与生产主管的意见后，我紧接着把五金车间的刘主任叫了过来，当着我的面，武部长向刘主任分析了前因后果，表示尽管事件发生在休息时间，但大石行为的后果影响并没有工作时间内外的区分，必须按照既定制度处罚。刘主任若有所悟地点了点头，看得出他内心还是有些忐忑，对此，我向刘主任表明了态度：“老刘，处罚由我和武部长落实，你只要做好对车间一线员工的思想解释工作就行了，如果没有其他问题，我们就立即分头行动，对此类有严重倾向性的事件处理宜早不宜迟，速战速决是最佳的选择，处理完后，我们还要按照程序公之于众，让全体员工引以为戒。”

为避免在下午的工作时间内引起不必要的舆论振荡，我和武部长特意把对大石处罚谈话的时间安排在事发日下班前 20 分钟，地点是办公楼一楼会议室。原先武部长建议安排在精工车间现场办公室，以便对个别好事分子起到警戒和威慑的作用，我经过考虑，还是把处罚谈话地点选定在办公楼会议室，为什么？很简单，像大石这样死要面子又难缠的人，是不会在大庭广众之下“束手就擒”的，弄不好，还会加大处罚的难度，武部长表示认可我的方案。

下午到点时，我怕刘主任叫不动大石，亲自到车间通知大石到指定地点接受处罚谈话。走近大石的工位，只听大石肆无忌惮地大放厥词，全然没有看到我，而他周围的一干人看到我过来都知趣地离开了。一交锋，大石便咄咄逼人，我以动制动，用激将法把他带离工作场所。在会议室，我和武部长示意大石陈述事情经过和其中的原因，会议室毕竟有别于生产场所，我和武部长心平气和，多少让大石的火气不攻自降。大石说：“事情很简单，因为车间刘主任没有及时给我安排大车床的活儿，等了又等不见动静，火一大就拉了车间电闸。我也不是存心破坏生产，下次我会控制自己的情绪。”

我一看谈话气氛好转，便从肯定大石为人豪爽开始，转移到正题上，我不讲大道理，就讲大石的违纪事件。尔后，武部长做了进一步的补充：“大石，针对今天的事情，我们对事不对人，但事情发生了就要弥补和担当。否则，我们对其他员工也不能有合理的交代，没有正常的生产秩序，受害的不只是工厂，员工的利益也不能得到保障了。你也是员工的一分子，你说呢……”

经过我和武部长的两轮集中火力的“精神轰炸”，大石总算心甘情愿地在处罚通知单上签下了自己的大名。

只有在制度面前没有例外，我们才能在管理规范化的道路上越走越远。

管理问题员工有实招

借力打力治“恶人”，面对时时想兴风作浪的员工，HR 需要顺势而为。打蛇打七寸，杀鸡不妨用牛刀；卤水点豆腐，一物降一物。面对蛮横无理撒野的员工，当事 HR 不妨把他想象成戏台上的“跳梁小丑”，最后，不管他多么“神通广大”，他的克星始终存在。

每个企业都有难缠的问题员工，其实，对问题员工与其视若洪水猛兽般地“堵”，倒不如因人而异地去“疏”。前奏铺垫到位，一般也不会出现闹工、闹薪等闹心事，关键是怎么用赏识不带偏见的眼光平视他们。

我所在的企业属机械制造型企业，90% 以上都是男员工。在管理上，员工喜欢轻松的环境和富有个性的管理氛围，现场管理说到底是管人先管心，在以生产为中心的思想主导下，制度也并非是一成不变的“老古董”，制度要在一定程度上，硬的显得更硬，软的显得更软。

所谓的硬，是指挑战公司底线“红杠”的雷区必须坚守；软，是指日常事务性的规定、规范、规则、规程应审时度势，适当地掺入情感的成分，操作起来可能更有可塑性和普适性。在很大程度上，制度围绕绝大多数员工运转——从工作目标到过程直至取得成果的开环和闭环的循环。好的制度，必须是制度与情感兼容、精神与物质并重，不断地与时俱进、弃陋创新。

金无足赤，人无完人。管理问题员工，下面的实例或许能为 HR 带来启示。

在打磨车间，员工大陈向来我行我素，对他公事公办没准会碰钉子，但他与一个人走得比较近，这个人是老板的妹夫，人称敏哥，在公司里扮演“八贤王”的角色。自然，也有人会为他的一个喷嚏而感冒，大陈算是与敏哥走得比较近的“啦啦队”成员，大陈受了委屈会找敏哥评理，得了便宜还卖乖时会遭到敏哥的白眼，敏哥眼睛一竖，大陈就默不作声。大陈“正规”时，敏哥和他相向而行；大陈不按常理出牌时，敏哥会“赏”他一副驴脸，大陈也不是傻子，感觉晴转多云到阴时便会知趣地低头认错。

从事 HR 工作的人都知道，管理员工既不能全盘照抄墙上的制度，也不能信口开河。所以，把握制度与现实的“结合点”是关键。大陈行为“横”，并不是说管理人员就惧他，真的对他束手无策，而是有另一个原因：一个打磨车间，20 多个员工，由他介绍和带领过的员工占 2/3 之多，车间管理者对他的“使性”有时也是睁只眼闭只眼，在休息时间对他更是敬而远之，倒不是大陈这人心眼有多坏，实在是大陈翻脸速度太快，犯不着离他太近而胆战心惊。而打磨车间是公司产品流程的中枢，一旦大陈犯浑，车间内部哥们便会群起响应，大陈握有这张“王牌”，戳中了管理者的软肋，这在公司里面也是不争的事实，也是老板妹夫敏哥对他礼让三分的根本原因。

大陈每个月都要向车间主管不痛不痒地闹一闹，为了应付他，有时车间主管要耗上大半天时间苦口婆心地劝导，而大陈一进车间现场办公室，他的车间“同盟军”便会不约而同地向他行注目礼。

但是，回避问题终归不是办法，于是，车间和生产部的头头脑脑聚在一起想办法，方案倒是定了：东边拉丝车间暂时空闲，把大陈调到拉丝车间倒是个两全其美的措施。只是事情虽然说起来靠谱，但只是大家一厢情愿的打算，事情能否成功还是一个未知数。又一番头脑风暴后，大家想到了公司里的“八贤王”敏哥，是呀，怎么没人想到请大陈的克星出马？

宜早不宜迟。按照身份基本对称的原则，大家推举新来的生产部长老向去搬敏哥这个“救兵”。一天午餐后，老向趁门卫值班室只有敏哥一人把守时一五一十地说明来意，敏哥当即表态：“没问题，只要对生产和管理有利的事情，随时都可以来找我，关于大陈的事情，三天之内我会把他‘挪’到指定的场所。在这之前，关于给大陈调换工作场所的事情你们暂时保密，车间管理者不要惊动他，免得他又把车间里面搞得‘鸡飞狗跳’的……”一番关照后，大家当作什么事情都没有发生一样。

第二天临下班前，敏哥把欲骑车回家的大陈单独叫到门卫值班室的里间，递给大陈一支烟，说：“大陈兄弟，这段时间车间管理人员的表现不知道怎么样？有没有对你们不讲道理、仗势欺人啊？如果有，你尽管说出来告诉我好了。”自然，这段时间，车间管理人员没有谁去找大陈的茬，而大陈也乐得耳根清净，也谈不上投诉他们。一番无关痛痒的题外话后，敏哥切入正题：“大陈呀，我们也都是乡里乡亲的本地人，有些话我还是要劝告你，大多数打磨车间熟练工与你有些交情，有的新手估计还要叫你一声老师傅，但是你的脾气，我敏哥实在是不敢恭维，今天把你留下来是想和你商量一件事。”老板的妹夫要和他商量事儿?要知道，平素敏哥可是一个说一不二的人物，今天的口吻倒像是有“大事”商量，大陈心里打鼓，却猜不出敏哥葫芦里面卖的是什么药。敏哥不紧不慢地揭晓了谜底：“是这样的，拉丝车间房子空着，想把你调过去管理那个车间，现在是你一个人，今年业务很忙，估计过段时间还会给你招几个徒弟进来，到时候你可要把手下的人管好噢……”

大陈明白了敏哥拐弯抹角地给他戴高帽的目的，人在屋檐下不得不低头，他也只好恭敬不如从命。

制度和人情的取舍

近朱者赤，近墨者黑。“莫以恶小而为之”的古训对职场人士永远适用，而企业“法外容情”帮犯事员工开脱，也算是仁至义尽了，只是不要因此事而引起员工情绪的波动。

最近一段时间，精工车间和半成品仓库在交接产品时发现了一个反常的现象：精工车间从半成品仓库领出去的铜制品经常性短缺。

这个状况已经持续了近一个月，车间和仓库两边在交接时反复核对箱卡，依然出现账货不符的状况，发、领货双方冥思苦想也找不出原因，问题到底出在哪呢？大家把每个该考虑的细节都考虑进去了，就是不得其解。

“会不会有人趁车间没有人看管，把产品藏起来偷带出厂？”有人说出了这个貌似不太可能的想法。说它不太可能，是因为公司设置了二道岗，生产区还单独设置了金属报警方形立体感应门禁，每天下班都要例行检查，按照常规推测，从感应门区域偷带产品出去的可能性微乎其微，但还是应该考虑这个可能性。公司三面环河，除了从坐北朝南的正门上下班出入外，其他厂址的临界位置几乎是全封闭的。

除非是泅水作案，大家推测有这个可能性，但是，公司实行的是

24 小时巡查的安保制度，下班后，厂区内逗留的非公务人员均会被第一时间劝离，一般人不具备作案条件和时间。

“要不，我们把最近一周的监控录像调出来看一下，说不准会有意想不到的线索?”精工车间的工艺员小丁的一番话提醒了大家。我当时也在场，我提示大家，关于产品短缺和调取视频录像的事暂时不要声张，以免打草惊蛇导致线索中断。于是，由我所在的综合管理部牵头，低调地查阅了近一周的影像资料。不出所料，虽然分辨率不高，镜头中出现的人像出现重影，但视频显示的嫌疑人作案时间是午休时间 12：15，“内盗”作案时间范围已经确定了，事情就好办多了。

综合管理部会同生产部，采取外松内紧的策略，大家在小范围内各自分头领受“守株待兔”的任务——在不同的时间段和角落监视可疑“对象”。也奇怪，那个“内偷”好像有所察觉，一连三天都没有“动作”，看来这家伙“潜伏”得够深的!

但是狐狸终究会露出尾巴的，在“反盗特别行动组”埋伏五天时，困扰大家的“谜团”终于真相大白。这天中午 12：26，精工车间西二组的员工陆路一边神色紧张地张望，一边鬼鬼祟祟地把人家工位上的铜制品装进裤子口袋。“反盗特别行动组”的五名同事紧盯着陆路的下一步动向，只见陆路一步三回头，向靠近河边的公共吸烟室走去。我在办公室接到手机短信后，马上打开电脑监控实时视频察看，陆路原形毕露，是该抓他的时候了。在公司总经理的指挥下，在暗处隐蔽的同事们从各个角落围拢，当场从陆路的裤袋里搜出五枚近 1000 克半成品的铜制件。

公司在第一时间向当地派出所报警，派出所警员通过现场查验和盘问，推论陆路作案次数已经不下 10 次，问到如何转移赃物及赃物去向时，陆路吓得语无伦次，结结巴巴地供认：“东西都被丢进公共吸烟室窗外的河里了。”派出所警员问：“为什么不直接通过生产区带出去?”陆路坦白交代道：“生产区装有金属感应报警器，一被感应就会发出连续的报警声，直接偷带出去的风险太大，所以先把铜制件藏在水里，再过一个月进入夏季枯水期时，伺机把落水的铜制件打捞上岸。”

根据陆路的初步口供，公司配合派出所警员兵分两路，一路直奔他的暂住地突击搜查，另一路带着陆路找铜制件落水的确切位置。为印证陆路口供的真实性，公司即时调来一架铝合金的7米长梯。派出所警员命令陆路下水打捞，当时已快进入夏季最热的七月，靠墙沿边的水不深，只到肚脐位置，陆路在河底的泥巴里捞上来了铜制品。足足捞了一个多小时，陆路把周围的泥巴都踩了个遍，最后，现场办案的派出所警员把瑟瑟发抖的陆路押进警车鸣笛而去。

第二天上班，派出所办案人员给公司打来电话，意思是让公司按照被盗产品的单件金额核定最终的累计价值，这就意味着陆路的行为是否进入司法程序取决于公司的态度。陆路的妻子抱着刚满三个月的孩子心急火燎地赶到公司替丈夫忏悔和求救，满脸羞愧地请求公司看在尚在襁褓里的孩子面上，给陆路一个改过自新的机会，陆路妻子边哀求公司领导边潸然泪下。一边是铤而走险失去自由的丈夫，一边是为之披头散发奔走的妻子，后者把公司领导当成了最后的希望。瞅瞅这对有可能因陆路判刑而改变人生轨迹的母子，再想想绝大多数赃物也已经打捞出水，公司领导动了恻隐之心。

公司出于挽救陆路家庭的考虑，调整了上报赃物的累计价值，从而使陆路免受牢狱之灾。事后，陆路和妻子对公司的宽大处理感激不已。

制度面前官民平等

管理者与员工不管出于何种原因发生冲突，都不是一件令人称道的事。对公司而言，频繁的冲突只会使管理者与员工对立，影响队伍稳定，鉴于此，对有过错的管理者必须加倍惩罚，以消弭员工的抵触情绪，促进劳资和谐。

我现任公司的半成品车间的主管大鹏，有一天在开工前分配产品工艺时遇到车间刺头大李“推三阻四”。大李说：“车间主管安排工艺偏心，把单价高的产品让本地人做了，我要做和本地人一样的活。”大鹏一听就来气了，说：“你这是什么话，分配给你的产品工艺单价不比人家的低，为公正公平起见，产品工艺都是轮流调换的，整体单价是一致的，不存在谁吃亏的情况。”可大李不听，大声嚷嚷着要去找生产部长投诉，大鹏感觉自己没做错什么就针锋相对，导致工友们有活不干行起了注目礼。

大鹏不想因为和大李争执影响车间的管理秩序，便撂下一句下次再“奉陪”的气话后转身欲走，而大李正愁找不到对方的“口柄”，一听“奉陪”两字，陡然变脸，一下子就拽住了大鹏，质问大鹏是什么意思？大鹏和大李本来就除了工艺安排外很少有交集，更何况平时两人也不怎么待见对方，大鹏见大李先动手拽他，也毫不手软地反戈一击，亦趁势揪住了对方的胸襟，两人就难解难分地纠缠在一起。见这阵势，同车间的工友们也不敢上前劝，因为大李本来就不是一盏省油的灯，怕劝架劝偏了惹祸上身，于是都站着围观，工友们平时也受够了大李的窝囊气，巴不得让大鹏狠狠地教训对方一顿解解气。

还甭说，大鹏一怒之下真和大李交上手了，拉扯中，大鹏一拳打在大李的脸颊上，而大李则一脚踢在大鹏的背上，两人谁也不肯善罢甘休。生产部长老彭闻讯后急匆匆地赶来拉架，这倒好，大李一口咬定生产部长老彭在帮大鹏，拉了偏架，转而与老彭理论，老彭镇定应对，软硬兼施，终于把大李给压在“五指山下”。

老彭通过现场走访，总算摸清了双方发生冲突的原因，是大李挑衅在先。然而，作为车间主管，大鹏遇事不冷静，没有从管理者角度看待问题的危害性，冲动应战，犯了极其低级的管理错误，如果能忍一忍、压一压自己的火气，说不定这件以打架散场的事件就不会发生了。

事后，老彭就如何处理该事件找我商量对策，毕竟是他的下属出了状况，我看得出老彭处理该事件的心情非常迫切，想一步到位不留后患地解决，因为时间拖得越长，越会引起新的变数。眼前这个乱子捅得够大了，如果因为处理不妥造成新的冲突，无异于雪上加霜，脆弱的现场管理基础是禁不住如此折腾的。

我先让老彭说说他对该事件的处理意见，老彭顿了顿，沉思片刻后犹豫地说出了他的调处方案：“第一，大李动手在先，达到了公司严重违纪的规定标准，我建议人力资源部立即解除公司与大李的劳动关系，以正视听和扭转公司内个别员工无理找茬的不良歪风！第二，对大鹏采取书面检讨的处罚措施，鉴于大鹏在该次事件中动手在后，属正当防卫，暂不做经济处罚，但检讨一定要深刻，以警示管理人员。你们人力资源部处理这件事情的速度一定要快。”我看得出，老彭不想为难大鹏。

我告诉老彭：“把打架的始作俑者解除合同应该是切实可行的，但身为车间主管的大鹏对该事件的矛盾升级起了反作用，大鹏负有不可推卸的管理责任，写检讨的思路是对的，但这样的处分难以服众。从对管理者队伍素质培养的长远角度考虑，必须对大鹏加重处罚，只有对管理者违规加重处罚，才能从根本上净化管理风气，使劳资关系和谐。”

老彭表示还是我的方案稳妥些，可以执行。

该事件结束后，我也剖析了其中的成因。

剖析一：在日常管理中，管理者因执行制度需要，难免会遭遇被管理对象的“围追堵截”。被管理一方挑起事端，若管理者当场无法脱身，就会发生冲突。

剖析二：面对冲突，管理者是否一定要做到打不还手骂不还口？在管理者受到攻击时，需不需要正当防卫？这个度怎么把控？这个话题探讨起来显得有点激愤和压抑。面对员工咄咄逼人甚至是武力相向，能够“见招拆招”以柔克刚最好，但如果事态已经发展到了白热化程度时，管理者任由被管理者摆布，一旦“挂彩”，就会对以后的管理工作开展带来障碍——自身的权威将受到挑战。

剖析三：管理者与被管理者之间的现场肢体冲突带来的后果远不止于彼此肉体上的“点击”，由此引发的舆论震荡也会在一段时期内余音不息，从而使制度的氛围和威信需要重新树立，这是冲突带来的最大弊端。话又说回来，面对冲突，管理者一味地采取委曲求全、息事宁人的策略亦非明智之举。很明显，忍耐的结果就是挨打，而员工巴不得管理者天天被人纠缠出状况，说句不中听的话，企业员工对管理者普遍持有虐他心理，管理者与被管理者算是企业层级生态圈中的一对“天敌”，虽然没有达到“水火不相容”的境地，但彼此的冲突从未停止过。

面对肢体冲突，我的观点是，管理者忍无可忍时不妨给予对方一定分寸的“反击”——适度的正当防卫。

适度的正当防卫有利于改观管理者弱势群体的形象，对以后的管理也会起到正面的导向作用，积极影响明显大于消极影响。

【第二章】

激励篇

人人有奖的趣味运动会

在企业文化这顶“大盖帽”面前，很多企业是头小冠大，企业文化的口号喊得震天响，可一年到头难得有动静。企业文化需要实体化、简单化，那种引而不发、摆摆噱头的空架子，员工是不待见的。企业文化不是画在墙上的馅饼，也不是急行军中前面的止渴梅林，员工需要实实在在的行动。

近几年，公司除了每年5月1日前按照惯例举办一次“庆五一·迎五四”的乒乓球活动，就没有其他活动了，企业文化活动匮乏，员工就有话要说，只是大家表达的方式不一样。

但反映归反映，公司日常运转需要产能做支撑。员工有呼声，公司就得有回应，于是，人力资源部向采购部申购了两副羽毛球拍，羽毛球活动方便开展又不需要“群体作战”，也算是对喜欢文体活动的80、90后有一个交代。

鉴于生产订单多、人手不足的现状，企业组织文体活动有限。但上级工会和共青团组织布置给我所在的公司一个硬任务：在国庆节前择日举办一次趣味运动会，而且要公司全员参与！届时，上级领导还要莅临现场观摩。

消息一经透露，立刻在青年员工较多的流水线车间引起了“波动”，大家在空余时间讨论最多的话题就是盼望运动会召开，年轻员工尤甚。经过筹划，运动会日子基本敲定，各个车间、部门就员工参加的各个大项和分项活动进行统计，每个员工都有能参加的项目。

运动会在大家的翘首以待中拉开了帷幕。这一天，公司所有部门停工，专门为运动会让路，以实现玩得愉快、玩得放松的初衷。运动会开始前，人力资源部组织相关裁判和工勤人员进行岗位分工安排，确定各自任务。

比赛当天，公司老板和上级工会主席、团委书记亲自出席，以示对活动的重视。

比赛项目有袋鼠跳、背后运球、叠罗汉、拔河比赛等。

比赛开始前，公司还专门举行了运动员入场仪式，三个纵队精神饱满地从主席台前走过，接受领导的检阅。

平时几个经常迟到的小伙子这次早早地来到了比赛场地，兴奋地和同伴们等待比赛。最先进行的比赛是叠罗汉，叠罗汉考验的是参与者的耐力和协调性，按照规则，哪组在指定区域内停立时间长就为优胜者。热身时，各个团队都在商讨着协作方案。随着裁判的一声令下，比赛正式开始。只见各个团队成员利索地垂直站立，自下而上叠立起来，有的比赛小组因为坚持不住被淘汰出局，笑到最后的还是一群 90 后的小伙子，6 个人相互打气、鼓劲咬牙坚持，把首场比赛的奖品收入囊中。

首场比赛的示范效应感染了其他场次的参与者，在袋鼠跳、背后运球等项目上一展身手。在袋鼠跳比赛中，原先从事仓库管理工作，看上去柔柔弱弱的小姑娘有了用武之地，比赛一开始，她们灵活的身手把其他部门的几个妈妈级的选手远远地甩在了后面，我忙掏出数码相机拍下这可爱的一幕！

在背后运球的比赛中，根据比赛规则，自由组合，两人为一组，要求男女搭配进行。于是，热情奔放的小伙子主动联系自己心仪的女孩子，大家到达终点后还显得意犹未尽。

最有看点的是以部门为团队的拔河比赛。

每支队伍根据参与者个人体能的大小，对所站立的位置进行再分配。比赛开始了，随着主裁判的一声令下，粗壮的麻绳绷得紧紧的，绳索中间的红头绳一会儿往东一会儿往西，两边的团队成员都卯足了劲，最大限度地向后倾斜……在相持几十秒后，力不从心的一方全线崩溃，获得胜利的一方则跳跃着击掌庆祝。在拔河比赛中，气氛达到了高潮，而拔河比赛的奖品更加丰厚。

比赛进入了尾声，几个大项目已经全部完成，剩下的如掷飞镖、原地投篮等活动也正在有条不紊地展开。

闭幕式前，上级工会、共青团组织的领导与公司负责人还专门与参与本次活动的选手合影留念，在“西瓜甜不甜？甜”的回答中，我按下了快门，记录下了企业文化活动的成果——首届××公司趣味运动会！

本次别开生面的公司趣味运动会还受到了上级工会和共青团组织的一致好评，称赞我所在的公司办出企业文化的气势，达到“凝聚人心谋和谐，劳资共赢促发展”的目的。

企业文化需要自己的品牌和拳头产品，喊破嗓子不如做出样子，企业文化也需要企业最高领导人，以及HR用心经营和钻研。人人有奖的趣味运动会在公司员工自动自发参与和加油鼓劲中画上了圆满的句号。对绝大多数员工而言，企业文化带来的成果并不神秘，看得见、摸得着的东西才是最实在和最管用的。

这次活动让我充分认识到了，活动是企业文化生命力的真谛，比起那些高高在上悬挂在墙体上的标语及躺在手册里面的制度，务实的活动的效果更好。

一张充满悬念的飞机票

在“游戏规则”的框架内办事，可以规避许多暗箱操作，让规则内“传动带”的防护盖变得透明，会吸引更多参与者，扰乱局面的概率也会降低。

2008年下半年，公司的工会得到了上级工会给公司的一张四川方向的免费飞机票。分配飞机票前，上级工会领导再三交代：“四川大地震，市级工会出于爱心考虑，为工会工作做得比较到位的企业安排了特殊乘机的机会，你们要把握好一个原则，要做到‘双规’。”

我一听“双规”，这个词比较敏感，当然，此双规非彼双规。领导说：“我说的‘双规’，是这张飞机票要分配给规定地点和规定时间返乡的员工，而且是先进员工，这个门槛不能降低。”我表示一定遵照上级领导的指示办好。

回到公司，我马上向兼任工会主席的常务副总汇报，传达了上级工会领导强调的几点意见，分配飞机票时，对象一定要符合“双规”条件。按照工会领导的理解就是，过年回去的路线一定是四川方向，必须是在上级工会规定的时间范围内，符合这两个条件的员工，就有机会申请这张富有“含金量”的飞机票。常务副总一听，明白了其中的意思。

接下来的流程走起来有点难！为什么？因为公司四川籍的员工近

20人，其中，夫妻双方都在本公司打工的有三对。于是，公司工会主席表示，虽然只有一张飞机票，但我们工会组织不包办此事，让四川籍员工自己决定这张飞机票的最终归属。

兼任工会副主席的我开始为此事纠结，我担心好心办坏事，考虑再三，感觉把这张飞机票完全交由四川籍员工自己安排也不合适。因为只有一张飞机票，拿不到票的员工可能会闹情绪，那时候，就不只是想不想争取到飞机票的事情了，可能会导致员工流失。这个判断不是一点事实根据都没有！

作为具体事务的执行人，我决定把自己的理由向工会主席汇报，工会主席听完我的汇报后认为，不能让这些任劳任怨的四川籍员工在过年返乡这个关节上，因为一张飞机票而心神不宁……

与工会主席充分沟通和反复论证后，我们决定通过现有架构内的组织程序“寻找”这张飞机票的主人。我把任务初步分解到车间，由车间主管推荐具备“双规”条件的员工，即在2008年度无任何违纪记录，符合公司优秀员工参评条件的员工。同时，我提示各车间主管，千万不要头脑发热，把话说死，如果口头许诺实现不了，岂不是自己打自己耳光？车间排摸是“征求意见”阶段，即“海选”，接受员工咨询时，主管最多只能说“意向”，不把话说死、留有余地是最管用的策略。

说实话，大家都想得到这张飞机票，但一个位置不可能坐这么多人，道理浅显易懂，四川籍员工也都是明白事理的人。可话又说回来，能够享受一次免费的“空中飞行”无疑是诱人的，大家都有这个想法。四川籍员工小守夫妇工作主动积极，休息时间自觉配合车间推行现场

5S 活动，车间和生产部领导看在眼里记在心里。

本来，生产部主管也曾建议，干脆把这张飞机票直接奖励给小守夫妇中的一个算了。在“5. 12 地震”中，小守家也受到了强震波的冲击，前年刚翻建好的房屋墙体也开裂了，地震发生后不久，小守夫妇也曾动过回家的念头，但想到车间生产任务重，怕耽误生产，也就没向车间主管请假。我也倾向把这张飞机票给小守夫妇中的一个，也算是对他俩近 5 年无怨无悔地长期在一线辛劳的福利补偿，更何况小守是连续三届公司优秀员工的获得者，把这张飞机票给小守不为过。

但是站在公司层面考虑，这张飞机票的去向还是要遵照公司的统一安排，必须体现公开、公平、公正的原则，让四川籍员工心服口服。

鉴于此，我牵头组织召开了一次由符合条件的四川籍员工参加的飞机票归属方案的内部通气会：通过“抓阄”决定飞机票的归属。我把纸阄在与会者的监督下放到透明的玻璃箱内，要求每个人把纸阄取出后不能调换，以示公平。同时，为了增加悬念，避免挫伤后抓阄者的积极性，我要求员工抓完纸阄后不管有没有“中标”都不要声张，等最后一位员工取出纸阄后同时公布结果。

真是有贵人相助，小守把飞机票如愿以偿地收入囊中。

晋升刺头员工做管理者

堵不如疏，HR 要跳出固有的思维定式，与其竭泽而渔，倒不如放水养鱼。刺头员工也是特定背景下的“混血变种”，如果引导得法，就会出现一着棋活，全盘皆活的联动效应，而把刺头员工放到管理者的位置上，是一个险中求胜的妙招。

每个公司都有难缠之人，当然，难缠之人也并非都是“阳奉阴违的小人”。有的难缠之人刚直过度，事事较真，爱钻牛角尖；有的难缠之人时不时地煽风点火，人为制造工作矛盾。难缠之人让车间管理者和 HR 苦不堪言，面对这些“烫手山芋”，我的理念是与其迎头痛击，不如凿渠引水以“疏浚”开道。

我曾经碰到过两个“活宝”，一个是站起来像铁塔的阿勇，是一个不折不扣的“意见领袖”。每天上班开工前，必定要把不入他法眼的管理人员骂个狗血淋头。另一位叫阿加，喜欢恶作剧，骨子里以幸灾乐祸为能事。

两人在技能上都是一把好手，甚至是到了少了他们真不行的地步，这也是生产部及 HR 迟迟不祭起“杀威棒”的原因。如何整治眼前这两道有伤大雅的“风景”，是摆在 HR 及高层管理者面前的一个颇令人头痛的问题。为这对“活宝”，公司相关管理层已经开了不下三次“专题会议”。有人建议解除劳动关系，但在目前熟练工人手紧张的情况下行不通；有人提议让他们休长假，这也不现实，长假再长也不能让他们一年休到头吧；有人建议让他们俩单独组建一个车间，这当然更不行，这岂不成了另类的“流放”。

思前想后，我提议，既然他们不服管，对管理人员不买账，就干脆在他们的头上安一顶官帽，让他们尝尝管理他人的滋味，说不定，他们做了管理者以后，个性上的劣势可能转化为管人理事的优势。也没有其他更好的法子，大家你一言我一语，算是统一了思想和立场。散会前，我嘱咐与会者，在正式谈话前，大家对此决议暂时保密，对他们突然袭击，效果可能会更好。

于是，这件事由我牵头，组织生产部相关人员做好配合工作。为了避免引起不必要的管理混乱，我选了周末快下班的时间，反正隔天就是月度厂休日了，再折腾也不会在会议室引起风浪。我比较了一下，决定从阿勇身上先找突破口，因为阿加向来对阿勇言听计从，摆平阿勇后估计事情会好办些。

谈话需要有一个见证人，于是我向常务副总汇报，希望他能与我做一下铐脚（即合作的意思）。否则，你一个人找他谈话，他出了会议室大门翻脸不认账，那岂不是竹篮打水一场空。

谈话那天，我先安排车间负责人告诉阿勇，阿勇警惕地反问道：“办公楼谈话？有什么事情？”车间负责人称：“是好事，去了就知道了。”可阿勇不依不饶地连续问了几个为什么，车间负责人也很聪明，他急中生智脱口而出：“是老板叫你去一趟，现在你该没意见了吧？”

听说是老板的旨意，阿勇不敢怠慢。

怕阿勇中途变卦，车间负责人全程陪同，从车间到办公楼会议室不到100米的距离，阿勇走走停停，在和车间负责人并行时一改以往凶神恶煞的模样，和对方套近乎，想从中获取此番谈话的大概内容，可是车间负责人一问三摇头。

渐行渐近，老板办公室门开着，而隔壁房间就是本次谈话的会议室，阿勇想老板办公室的门开着，车间负责人也没骗他，便提出先在隔壁会议室坐坐，车间负责人也趁势给阿勇台阶下："阿勇，谈话地点是在会议室，老板现在在陪客人，等会儿会过来的。"于是，阿勇心神不定地踱进了会议室，阿勇进来后，我马上示意车间负责人带上门回避，以免引起阿勇无端的猜疑。

谈话开始了，阿勇一看平时不轻易出马的常务副总也来了，隐约感觉今天的谈话有"戏"，至于这出戏唱的是红脸还是黑脸，现在也不好轻易判定。我赶紧招呼阿勇坐下，并且在他面前放了一瓶矿泉水。一番寒暄后，谈话开始切入正题："这么多年来，阿勇你也是勤勤恳恳地坚守在自己的岗位上，你的技术，我们也是有目共睹的……"我率先开了腔，阿勇坐在背椅上面无表情，时而托腮，时而抬头仰望天花板，看得出，他的内心比我们纠结多了。

我继续道："鉴于现在车间技术管理方面力量薄弱，公司考虑把你晋升为组长，专门管理你这道工序的12个人，平时的劳动纪律包括工艺安排都由你全权负责，如果有困难，车间负责人会随时帮助你的。""如果我接受，工资怎么算？"阿勇对这个车间工艺组长的位置显然是动了心。"我们会按照目前公司确定的工艺组长的薪酬基数考虑，你不需要担心，但有一点可以肯定，工艺员组长是一个行政和技术兼顾的管理岗位，待遇肯定比你现在多。但话说回来，待遇上去了，工作压力也肯定比现在大，工作中得罪人的事情也在所难免。”一直在会议室静观其变的常务副总给阿勇定了基调。阿勇当场表示可以试试，如果吃不消了，他要随时撂担子。就这样，意见领袖阿勇被顺利“招安”。

紧接着，我们如法炮制，解决了阿加的问题。

层级管理与垂直管理

下级服从上级是天经地义的事情。对总经理（老板）而言，授权是为了更好地控制属下，总经理不授权，下面的人就会变成没有头脑的“机器人”。一通到底的垂直管理更要慎用，以免引起管理层级上的“地震”。

这几天，生产部长老邓的情绪有些低落，为什么？原因是生产部下属的原材料仓库主管小乐与他唱起了反调。生产部指定配置这个货，他却压货不办，还美其名曰：“正在整理中。”

像这样的窝心事，老邓碰到不止一次了，有时真想当场发作，但碍于生产部长这个头衔，前几次都强忍着怒火，而这次，老邓再也忍无可忍了，一个电话打到总经理那里，声称如果小乐不走，他就走。总经理在电话里面好言安慰，表示马上会安排人力资源部处理，在最终结果出来之前，生产部不要与仓库再起冲突了，更何况，在组织体系内，仓库还是生产部的行政下属机构，作为生产部长，老邓不能自乱阵脚等。

安抚好老邓后，总经理把我叫了过去，他说：“老邓那边的事情确实是由仓库主管小乐消极配合及人为设置障碍所致，情况明了，我想听听你的看法和处理意见。”我顿了顿，就事论事地谈了自己的看法：“在现行的组织框架内，仓库由生产部管理，按照层级管理原则，下级部门服从上级部门，换言之，下级须无条件地服从上级。”总经理听后表示认可。

随后，我就调处方案向总经理做了口头汇报：“第一，由人力资源部找仓库主管小乐谈话，剖析小乐抵触生产部指令的真正原因；第二，有必要跟生产部长打声招呼，以后注意沟通的方法，毕竟，大家都是为公司做事，低头不见抬头见的，应该以和为先，说到底争论是两个人的事情，如果一方稍加克制，就不会出现对峙的局面了。”

至于谈话后进一步的调处措施，我表示视当事人对该事件的态度再定。最后，我强调：“如果仓库主管小乐还是固执己见、拒绝配合，那么，公司也必须有更大力度的措施跟进，甚至要考虑按照《劳动合同法》所规定的程序，解除与他的劳动关系。”总而言之，下级服从上级的层级管理制度一定要坚守，否则，现有的制度秩序就难以维持。总经理表示我的方案可以操作，十分赞同我坚持的层级管理理念，他提醒我，首先要做实、做细小乐的思想工作，想办法让小乐转变服务理念。

与仓库主管小乐的谈话在公司的一楼会客室，考虑到谈话结果的不确定性，先由我单独同小乐谈话，预防不良信息的扩散。

在会谈中，小乐很强势，并表态：“有我没他，有他没我！”我说：“你们俩真的没有握手言和的可能了？”“我们不会有这个可能性了！岑老师，你也不要给我上‘思想政治课’，何去何从我自己心里有数。”话说到这个份儿上了，继续讨论下去也没有实质性的意义了，小乐的回话，等于是明白地告诉我，要他承认自己的过错是不可能的，他已做好了最坏的打算。鉴于此，谈话在不和谐的氛围中草草结束。

层级制度不可能因为某个人而“让道”，我报请总经理同意后于谈话的次日给小乐办理了离职手续。

而老邓那边，我也给他敲起了边鼓，告诉他："在生产部和仓库衔接过程中，生产部并非理直气壮，至少在与下属部门的沟通上，居高临下的不对等的沟通关系是本次事件的诱因……如果管理人员动辄怒气相向，自然会引起他人诟病！"老邓当场表示，今后会耐住性子、注意沟通效果。

层级管理的问题解决了，但出乎意料的是，没几天，老邓又与总经理杠上了，这次事件的"焦点"变成了垂直管理与层级管理的定位之争。

一天上午，总经理把我叫到他的办公室，说是下午召开一次生产例会，重点议程是回顾前阶段的生产产能及品质状况，完善各横向部门的衔接和配合流程。针对近期客户下单的情况调整生产订单的先后次序，使围绕生产运转的各个流程更加规范，使生产更加顺畅。根据总经理的要求，时间安排在下午 15：00。于是，我在第一时间面对面地通知相关人员出席会议。

会议在预定的时间准时开始，总经理亲自主持会议。会上，在仔细倾听生产部长老邓的上周工作汇报后，总经理开了腔，把生产订单调度不力、人员安排不到位的一揽子责任全部归咎于生产部，矛头直指老邓，并声言如果生产部管控不力、订单完成不及时，自己将直接指挥，生产部下属的各车间直接向总经理汇报工作，不用再为生产部长所下达的任务负责。

这时，老邓边用笔记本拍着桌子边措辞生硬地与总经理论起理来，双方当着众多管理人员的面大声理论，与会者哪见过这样惊心动魄的场面，一时不知所措。我的位置临近总经理，刚才之所以没有加以制止，是因为想多观察老邓对总经理辞令的反应。看眼前的场面有点失控，为避免会议在争执中结束，我从笔记本上撕下一张纸递给总经理，上面写着：结束。总经理正愁没人给他打圆场，一见小条，立即在结束两字周围画了个圈，于是，我打断了老邓的“申诉”，宣布散会。

在这里，作为老板的总经理跳过了层级管理的坎，却又跌入了垂直管理的坑。

如果老板亲自介入生产部的垂直管理，那么，他无疑是破坏公司流程的始作俑者。作为老板，“用人要疑，疑人要用”，如何把控用人之道则是学问。对老板而言，任何一通到底的垂直管理和集权控制，只能让职场人上离心离德。

人走茶不凉的感恩

感恩是人类的美德，是触动内心灵魂的催化剂。金杯、银杯不如员工的口碑，这句话说到了开明老板的心坎上了，企业就算有再多的社会荣誉的奖匾，也抵不过员工一句发自肺腑的心声。

感恩是企业文化的一个不可或缺的有机组成部分，感恩是相互的，企业对员工的付出给予精神和物质上的回报，员工对企业忠贞不渝地投入，感恩于劳资双方而言是双赢，是一种正能量的互动。

我在一家本土企业任职时，曾亲身经历了企业对已离职员工感恩慰问的动人情节。

门卫老龚，从入职第一天起就把公司当成了自己的家，几乎每天提前半小时到岗，而且他到岗后也不是无所事事地坐着闲聊，而是提前进入了上班的状态，打扫门卫室地面卫生、擦玻璃窗、烧水、帮当班的门卫照看车辆……同事老宋有点不好意思，叫老龚歇一歇，因为交接班还没有开始呢！老龚是晚班夜巡，他白天是需要休息的。老龚常常是早到迟退，弄得他同班的同事内心腹诽：公司该不会给老龚额外的“小灶”待遇了吧（指工资不在工资表上显示，另外做账给付的工资）？有次发工资，同事老李还专门找了个借口陪着老龚一起去领工资，看到财务部工资清单也没有什么异样，都是同工同酬的。这下，原本心里有“小九九”的老李是打心眼里服气和感慨：这样的人真是打着灯笼也难找。

老龚工作尽心尽责，大家一致称好，偷懒两字对他来说是不存在的。人家晚上夜巡是50分钟一次，他却半小时一次，晚上出巡很容易疲劳，尽管老龚是快奔六十的人了，可他精神饱满，风雨无阻、不埋怨，更不向领导邀功求赏。于是，在一次班次整合中，同事都争着要和老龚一组，而老龚在保安主管征询他意见时表示：谁来都欢迎！

第二年冬季，老龚在一次社区免费的医疗体检中查出了毛病，鼻窦癌。刚开始，老龚还不以为然，以为这个“小不点”的部位不会折腾出什么名堂，也没放在心上，体检后的第19天，老龚在家人的看管下才依依不舍地向公司领导请假。生病请假是再正常不过的事了，可老龚在请假时还一个劲地向领导说：“不好意思，给你们添麻烦了。”领导很感动。在没有老龚的日子里，大家感觉像缺少点什么似的。

老龚出院后，我受公司常务副总的指派前去探望，在老龚家里，我见到他坐在门口晒太阳。老龚看到我，想站起来，我趋步上前，让他好好地坐着。一见面，老龚最关心的是顶替他的人有没有找到，公司有没有出状况。我感动得差点热泪盈眶，我轻声地告诉他：“公司一切都好，大家都很牵挂你，都盼着你早日回去呢！其实，老龚已经到了病入膏肓的程度，家里人对他保密，医生也没有对他直说，为的是尽量延长他生命倒计时的日子。为避免长时间逗留让老龚伤感，我向老龚告别，临走前，我亲手将慰问金交给老龚，让他珍重！

后来工友提起，老龚对公司派人探望并送上慰问金之事十分感激，逢人便夸公司好，三个月后离世时，还念念不忘公司的好。

无独有偶，公司装配车间任劳任怨做事的老黄牛——老黄，也在老龚患鼻窦癌不久得了咽喉癌的绝症。老黄年轻时当过海军，身板硬朗，虽然年逾五十，但依然是车间里面的主力军，打包、扛箱、发货，样样都不落后。老黄前阵子刚拍胸膛说过硬话："像我这样的身体，毛病见了我躲都来不及呢。"但事实就是事实，面对绝症，老黄只有乐观地面对。公司领导劝慰老黄，吉人自有天相，现在医疗条件这么发达，咬咬牙，说不准就挨过这道坎了。

老黄随即在家人的陪护下去省城大医院就诊，还好，手术后，老黄的咽喉癌彻底好了。但美中不足的是，老黄的声带被切除了，丧失了语音功能。在老黄出院到家的第二天，我受公司领导委托，和装配车间的主管一起去看望老黄，看到老黄精神、气色都在"回暖"，我们从心里为他"加油"。临别前，我代表公司领导向老黄表示慰问并奉上慰问金，劝他先安心把病养好。尽管老黄永远不能说话了，但他还是郑重其事地在一张 A4 纸上工整地写下了"谢谢公司"的感恩"话语"。

在鬼门关转悠了一圈后的老黄，对公司和工友的感情更深厚了，有时在路上遇到前同事，老黄总要停下来拉住对方比画一下。

人走茶不凉，公司对员工的感恩在员工"山重水复"之际得到升华。

工伤外的捐款

赠人玫瑰，手有余香。人是企业的“制高点”，制度与情感有时需要“交集”，人性化的道义举措，有时比挂在企业墙板上的AAA信用等级匾更管用。

员工阿龙素来喜欢喝酒，今年五月下旬的一天晚上，公司精工车间和装配车间员工因白天产品短料，晚上要加班三小时。20：30下班后，阿龙感觉一个人在家里喝酒不过瘾，遂打电话给装配车间主任阿科，邀请阿科并让他告诉几个会喝酒的人晚上下班后留在公司门卫室，他会把酸菜鱼和羊腿等下酒菜带过去。阿科当即在电话里和阿龙一拍即合，紧接着阿科又去物色晚上的“醉友”，把入围人员确定下来。

在门卫室，正好有一张春节值班时留下来的圆台面，于是，下班铃响后，阿龙准时出现，平板摩托车上还放着一盆热气腾腾的酸菜鱼，羊肉制品挂在摩托车的把手上面，趣味相投且嗜酒如命的阿科早已在门卫室等候，见状忙上前把阿龙带的“弹药”摆放到门卫室的桌子上。五个“酒精考验”的酒友开始挽起袖子、解开扣子畅饮起来，大家边喝边谈笑风生，相互推杯换盏好不热闹。酒尽席散，众人遂推出各自的坐骑准备打道回府。

临上路前，阿龙还一个劲地提示酒友们路上骑车千万要小心，言毕，他和阿科因为同路，两人一组先后发动引擎出发，很快，摩托车的轰鸣声打破了沉寂的夜空。骑了一会儿，在前面开道的阿科突然感到后面没有了摩托车的声响，遂回头去搜寻，阿科感到奇怪，刚刚还尾随在身后的阿龙怎么连人带车都从路面上消失了？不祥的预感袭上心头，莫非……阿科不敢往坏处想，他在半径 500 米的范围内进行拉网式的搜索，5 分钟后，终于发现阿龙连人带车跌倒在路基的右侧落差近 3 米的河塘边，阿龙痛苦地呻吟着，看样子伤得不轻！怎么办？阿科环顾四面，周遭除了虫鸣与蛙叫声外，连路过的车辆也没有，看着躺在地上几乎奄奄一息的阿龙，用摩托车驮带肯定行不通了，情急之下，阿科硬着头皮给司机小但打电话，请求开车过来，帮忙把病人送到医院急救。

送医半小时后，阿龙的家人闻讯赶到，而阿龙因为脑后颈椎压迫，不光说话困难，甚至连生命都危在旦夕。值班专家告诉阿龙家属，因为晚上医疗力量不足，暂时采取保守疗法，等明天上班后抽调精干力量会诊后再确定治疗方案。

第二天，恰恰碰到上海大医院的颈椎神经方面的专家来该院巡诊，专家临床观察后，第一时间给阿龙做了手术。

回家后，阿龙仰面朝上被床架固定，进食也只能依靠特殊器具辅助，他妻子痛骂阿龙。但是眼下的问题是想办法让阿龙尽快康复，阿龙一日三餐都要人伺侯，没办法，他妻子放弃了药店的工作，专门照顾阿龙。阿龙妻子左思右想，觉得不算工伤有点郁闷，阿龙好歹也是从公司出来后才出的事情，先不说几个劝酒的酒友多少有连带责任，公司允许员工在门卫值班室喝酒本身就是错误。

于是，阿龙妻子决定去公司探探口风。经过打听，获悉总经理已到公司，阿龙妻子遂同阿龙的哥哥一道前来求助，总经理也已知晓了阿龙的事和眼前面临的困境，向他们表态："虽然不属于工伤，但公司会给予一定的经济帮助，有结果后会通知你们的。"阿龙妻子和他哥哥对总经理的表态喜出望外，事情进展比自己预想的顺利，于是再三表示感谢。

送走阿龙妻子和他哥哥后，总经理把我召去商量对策，他沉思道："事情已经发生了，如果我们应对得好，也可以把坏事转化为好事，我想这样，我代表公司捐一部分钱，另外一部分发动员工捐款。在捐款的同时详细地把阿龙发生非工伤事故的原因写清楚，至少能对全体员工起到引以为戒的作用，杜绝此类不正常情况发生。"

我对总经理的人性化措施非常赞同，我提议："是否也动员一下公司的三个外协单位，以便筹措更多的救助资金？"总经理沉思片刻后说："这件事情你看着办吧，但要低调和把握好尺度，不要让外协单位的领导有被人捆绑的感觉。"

经过努力和争取，共募得专项捐款 27500 元，超过了预先计划的捐款数额，我也捐了 300 元（300 元寓意厄运散去、否极泰来）。考虑到阿龙家属忙于家庭事务，来回不是很方便，我会同公司一位领导专程去送款，阿龙妻子接受捐款时感谢阿龙昔日的同事和公司总经理的无私关爱，表示要尽快使阿龙康复起来，以回馈大家的一片真情。

一次工伤外的捐款，尽显人道力量。

【第三章】

招聘离职篇

宽进严出话招聘

铁打的营盘流水的兵。企业只有善待员工这个内部客户，才能促使员工服务好公司的外部客户。

在产品科技含量不高且需要劳动者密集“会战”的企业，普通员工显得尤为金贵。“不缺管理者缺普工”，已经成为绝大多数工厂，特别是靠人力致胜的制造型企业 HR 挂在嘴边的口头禅。招聘难、难招聘，已成为不争的事实。

对于依靠流水线抱团作战的企业来讲，流水线是工厂生存的生命线，一旦停线将会给企业在交货信誉和效益产出方面造成不可估量的冲击和损失，招到员工是硬道理，其他的一切都是无用功。于是，肩负人力资源引进重任的 HR 使出浑身解数，以招聘到充足合适的人员为终极目标，然而，僧多粥少的局面没有根本性扭转。其中，有应聘人员挑三拣四，以个人利益最大化为入职动机的因素影响，也有企业文化的短视和匮乏的诱因。但我认为，宽进严出或许能在一定程度上破解用工荒的瓶颈。

所谓宽进，并不是无原则、不加审视地降低人力资源的质量，而是在招聘准入的门槛上适当地向大龄应聘人员倾斜。

公司在每年春节开工期间，一般都会大批量招聘“4050 人员”——40～50岁的人员，性别不限，在确保眼睛没问题的前提下，可以作为普工引进。当然，后续的保障工作要跟上，比如，公司在新员工相对稳定的前提下组织常规性的健康体检，既是给新员工的福利，又能了解新员工的健康状况，从而规避不必要的用工风险。

事实证明，在普工紧缺的严峻形势面前，选择不走常规路很有必要。有的企业在招聘出现瓶颈的情况下仍不降格以求，导致符合标准的人员进不来，可调剂应急暂用的人员也找不到，陷入流水线空转、等人交货、订单成一纸空文的困境。老板责骂HR招聘不力、耽误生产，HR有苦难言，忙得焦头烂额却收效甚微，有的工厂甚至连续几天都招不到一个工人。一边是HR开足马力放弃休息天加班招聘，好不容易招到人了又不知道什么原因被打了“回票”。员工也不是十年前的员工，工厂对员工挑挑拣拣的情形已成为了过去时。

有的工厂，人力资源部跟生产部好像天生“犯冲”，招进去10人，可能会全部打“回票”。有时，总经理为了验证人力资源部的工作效率，专门抽出时间在公司大门口蹲点，明明是三五成群的有新人进去了，但在车间逛了一圈后又折返回来，内心纳闷的总经理拦住数人询问，回答是：“车间让等几天再来。”或者回答：“车间主任让我们先考虑清楚，我们几个回去再考虑一下。”或者回答：“今天家里有点事情要处理，明天会过来上班的。”于是，以下的场景出现了：总经理掏出手机拨了个电话，痛骂生产部长。

宽进以后，人力资源部和生产部要共同做好后招聘期的用工管理——留人。如何留人是事关全局的大问题，也是一门考验管理干部管理真水平的学问。有的管理人员头脑简单，方法粗放，员工就多了几个心眼和想法，一不高兴，就会变着法子辞职，让管理人员防不胜防，苦口婆心地劝说，动员当事人的老乡做工作，效果也不好。员工一旦决定辞职，就很难挽留，而且当事人会在辞职当天到下一家工厂上班，辞职员工精打细算不留工作“空窗期”，使原本指望辞职员工回心转意的管理者大失所望。

宽进后要把控好员工辞职的幅度和频率。幅度是指只要不是触犯制度高压线的人都应该设法挽留；频率是指管控群体辞职，防备出现辞职的从众心理和行为。否则，如果一线管理者听之任之，将导致流水线瘫痪直至全线停工。因为工厂的产品基本上都是流程管理，一道工序出现状况，势必对整体流程构成威胁。浙江沿海的一些重要的制造业生产基地，在应对员工辞职风潮时相当谨慎，能加薪解决的问题就与员工沟通，以取得员工配合，能渡过用工难关的企业，都实现了与员工共赢，因为频繁跳槽并非是员工的初衷。

严出，主要体现在辞职流程规范上，按照现行的劳动法规定：员工辞职需要提前一个月提出书面申请。招聘普工困难的企业要尽量把员工离职的影响降到最低。生产车间管理人员平时要做好对员工的情绪管理工作，把可能出现的辞职苗头控制在萌芽状态，对入职在一个月内的新员工做好全程动态跟踪工作，切实做好安抚工作，使新员工进得来、留得住、做得长。对坚持辞职的员工，一线管理人员一定要想办法弄清楚真正原因，或许，有的员工辞职并不是为了调整工资，而是看重工友间彼此信赖互助的氛围。目前，拒绝员工辞职并非上策，通过强化企业文化凝聚人心，以及调和彼此的关系和利益是今后一段时间人才发展的指引方向。

招聘无定式，招到员工是硬道理，企业在争夺人力资源的竞争中需要审时度势，如能有效地做到宽进严出，用工荒就不再是企业的老大难问题。

背景调查多多益善

知彼知己，百战不殆。战场胜利的秘籍同样适用于职场，面对云遮雾绕的情况，一停二看三通过永远是不可或缺的有效法则。

不少企业为了加大招聘力度，充实一线普工队伍而不经甄别和筛选，甚至连最基本的招聘登记表都取消了，招聘者凭感觉招人。于是，企业拼命地从刚满最低法定年龄的人群开始，“竭泽而渔”式地“流水线”般的招聘。在以人员数量为本的“人海战术”主导下，招聘前的背景调查制度完全成了聋子的耳朵——摆设。

企业简化招聘必经的程序，看起来是减少中间环节，突出了招聘的实用性。然而，企业在满足于招聘量的同时，忽视了后招聘时期的用工风险——在试用期内使用尚未与前任公司解除劳动关系的员工，埋下企业之间劳动争议的祸端。实际上，持有双重劳动关系的应聘者实施了欺诈行为，而用工单位还被蒙在鼓里。

我认为，能够有效地规避招聘风险的最好的措施就是做好对应聘人员的背景调查，而且是多多益善。如果企业负责人认为背景调查麻烦而弃之不用，到头来受损害的将是企业，这一论断已被实例印证。

在浙江宁波慈溪市，蓬勃发展的制造企业常年处于普工大量短缺的状态，招聘海报在企业门卫处长年不断，但应聘者并没有预期中的踊跃。于是，企业运用激励杠杆，通过企业员工“以老带新（即老员工过年回来后带领家乡的亲朋好友及老乡过来求职）”的方式提高员工的入职率。通常，每带一名新员工，做满六个月及以上后，作为“劳务代理人”的员工可在公司的财务部拿到300～500元的佣金（即介绍费）。尽管如此，试用期内，企业员工的新进与流失速度几乎相同，企业在不知不觉中陷入零和游戏。

而让劳动密集型企业始料不及的是，不经过背景调查，只要是非童工就招的“散打”招聘方式弊端太多。被挖走员工的企业甚至找上门来要人，为什么？对方说：“我们公司的人跑到你们公司上班了，公司跟这个员工签了合同。”对方公司的HR甚至拿出了劳动合同来证实。在江浙沿海地区，大量普工的无序跳槽带给企业的冲击显而易见。

作为在私企工作多年的HR，我在背景调查方面也有过教训和经验。现摘录令我印象深刻的经历，以印证背景调查的重要性。

公司品管部人手紧张，品管部人员补充申请单交上来也有一段时间了，我每天都在网上搜索简历，网上招聘信息发布的第16天，我办公室里的招聘热线响了起来。我赶紧抓起话筒，原来是一位江西籍的应聘者要求应聘公司品管员一职。对方自我介绍姓李，按照岗位描述要求进行电话面试后，基本符合岗位条件，我遂与他约定次日上午10点来公司面试，并详细地告诉对方到达公司的交通路线等，为稳妥起见，我在第一时间提示门卫对这位应聘者做好接引服务。

小李比预定时间早到了10分钟，我把他带到招聘洽谈室，同时知会品管部主管前来做岗位工作能力测试。通过问、停、聊、答等环节的考察后，我和品管部主管都认为小李是品管岗位的合适人选，遂现场通知小李三天后来上班。

谈话结束前，小李向我咨询：“上班第一天能否搬进公司宿舍？”我说：“一般情况下，应聘者半个月后才能安排宿舍，像你这样的情况，我们可以考虑缩短至一星期，也就是说，你入职一星期后才可以办理入住手续。”尽管我已明确表态，但小李还是坚持第一天上班搬进宿舍，出于对应聘者的关心，我让他说明马上搬进宿舍的真正原因。根据我的经验，像小李这样，入职第一天马上就要搬进宿舍可能有两种情况：一种情况，他和老东家彻底闹翻了，属于急辞工类型，当然，具体内情只有他自己清楚了；另一种情况，小李有欺诈的动机，真正的原因很可能是请了长假出来找工作，这个招数对我而言已不是什么“新闻”了。

面对小李的要求，我告诉他：“请给我一天的内部沟通时间，届时我会电话联系你。”

送走小李后，我感觉其中有不可示人的秘密，我重新调出小李的简历，决定向小李最近的工作服务单位做一次背景调查。电话拨通了，接线员正是小李现服务企业的人力资源部的人，我并没有直奔主题说明来意，而是说：“我想找人，就是品管部的小李，不知道他今天有没有上班?”“哦，他呀，他家要造房子，请长假回家了，怎么，你找他有事情?”小李的谎言不攻自破!

事后，我在向小李阐明背景调查的事实真相后，也推心置腹地劝诫他：“作为职场中人，诚信永远是摆在第一位的，先做人后做事的‘游戏规则’永远都不会过时!”

喜忧参半的校园招聘

造成学生工流失的原因很多，或是产品工价偏低；或是他们刚踏进社会，心智不成熟不能安心工作。当然，HR 也不用对校园招聘心存恐惧，每个招聘渠道都有从失败到成功的过程。失败与成功，对 HR 而言，都是工作经验的积累。最实用的招聘，当推厂门口的自主招聘。

金融危机后的第三年，浙东沿海的制造型企业开始复苏回暖，大批量订单又开始回到流水线或是独立的工位上，对一线员工的需求扩大，面对粥多僧少的尴尬局面，大规模的普工招聘势在必行。

我所在的公司也不例外，外贸回暖的同时拉动了内需。但在最短的时间内招聘到与公司业务相匹配的人，无疑是困难重重。正当一班人一筹莫展时，皖北一家中等职业技术学校的业务老师打来电话，正为人员招聘发愁的我们顿时眼前一亮，马上同意与对方电话接洽。经过几个回合的电话互动，彼此基本有了合作的意向，双方约定：校方负责输送 20 名机电一体化的应届毕业生，且输送的学生年龄全部符合国家规范用工的要求，公司负责员工的日常食宿，技校生与公司员工同工同酬，前半个月学徒期给予计时保障工资，公司有权淘汰不适应公司环境者。

约法三章后，双方开始紧锣密鼓地进入实质性合作程序。

双方电话联系后的第6天，校方打来电话，称约定数额的技校生已集聚完毕，征询公司他们何时出发，以便做好对接工作。听完相关汇报后，公司领导指示，随时可以接纳，并由我通知对方尽快上路。

校方领队老师和技校生经过11小时的长途跋涉，终于到达公司所在地，为避免校方走错路线，公司专门派司机在约定地点会合，这些稚气未脱、对未来充满憧憬的技校生携带大包小包，形成纵队“挺”进了公司大门。我公司接应的后勤人员赶紧把他们引领到宿舍，这些第一次出远门的大男孩们一进宿舍便东倒西歪地倚靠在床上，有的竟打起了瞌睡，看来，这些小伙子确实是累了。我代表公司与领队老师沟通：“先让学生休息，两天后统一上岗?”领队老师表示没问题，最担心的是他们不习惯我们这边的伙食，我说：“我们食堂也是安徽厨师承包的，应该会习惯。”领队老师怕学生有畏难情绪，表示在学生上岗前他会暂时留在这儿，为初出茅庐的小伙子们加油鼓劲。

到达后的第二天，领队老师带部分企盼上岗的学生去数控车间现场观摩，在车间，学生们饶有兴趣地在近百台数控车床旁旁观，几个有备而来的学生还亲自体验了一次。趁着领队的老师带学生去车间“踩点”的机会，我去他们的“营地”看个究竟，了解一下他们是如何打发业余时间的。宿舍在二楼，我走进宿舍一看，留守在宿舍的学生们有的在床上跷着二郎腿，有的依偎在床支架边抽烟，更有学生把家里的音响都带过来了，音响的颤音在宿舍内回荡。这些学生看到我过来“查岗侦察”，赶紧向我问候。见状，我摇头不已，仅仅不到两天，部分学生乖戾痞气的习性已经原形毕露，不敢想象他们在学校里是怎样生活的。

约定的上班时间到了，早上，大家兴高采烈地去车间上岗，车间主任清点了人数，发现少了两个，向我反馈后，我急忙去查看。来到宿舍，我看到有两人躺在床上，也不知道是什么状况，一问，一个说肚子疼，另一个称头痛，看他们脸色红润，不像是有病的模样。也许是初来乍到有点水土不服，我这样自我安慰。

然而，事情的发展马上就偏离了校企双方预定的“轨迹”。次日，在宿舍内装病的两人自动提出离职。领队老师还未踏上返程，苦口婆心地做学生的思想工作，但对方坚持要离职，无奈，领队老师只好带着打退堂鼓的学生一同返乡。

为稳定技校生的情绪，预防他们突如其来的“跳槽”，公司还专门在他们当中选拔了两名有威望、有胆识的小头目担任领班，以期用“以外制外”的办法把剩下来的 18 人管好。上班半个月，技校生倒也相安无事，只是在宿舍，出现了一个不大不小的状况。同宿舍的李冰放在公共窗台上充电的手机不翼而飞，这个状况是李冰洗完澡后发现的，到底谁拿走了手机？大家都说不出个所以然来，起初，李冰也没有第一时间向公司报告，还以为是同学之间开玩笑而已，可到了次日上午，手机还没有返回的迹象。这下李冰急了，急匆匆地赶来向我“求助”。我判定是内部人作案，宿舍公共区域有监控，但我暂时也不想查看，如果公司把此事公开了，这个一念之差贪图手机的学友兼工友肯定待不下去了。我把这个任务交给了其中一个稍年长的领班，并限期让他“破案”。可大家对“贼”这个身份异常敏感，结局是无果而终。

我让两个学生领班陪我一起查看监控录像，并且给他俩定了“军纪”，锁定目标后不准替他求情，立即结工资走人。

嫌疑对象很快就露出了马脚，是其中一个学生领班的铁哥们，他想为他求情却欲言又止。于是，他替他的铁哥们代领了工资后怏怏而去……

技校生一下子少了三个，剩下的人似乎更加团结了，上下班都是群体出动，看来在陌生的异乡打工，“抱团取暖”是他们同舟共济的生存法则。

半年后的一天，两个学生领班在宿舍同学的怂恿下与公司叫起板来——要求大幅度调整他们现行所做产品的工序单价。当然，公司不可以也不可能为照顾这些技校生的利益而“稀释”了公司制度。

于是，这批当初怀有抱负的学生工无一例外地选择了“自我爆炸”，一场跌宕起伏的校园招聘戛然而止。

以人定岗亦无妨

以人定岗确实有些逆向行驶的味道，一般是职场人士所忌讳的，但并非是“铁板一块”。倘若利用岗位把这个人调理得当，何尝不是一项有益的举措，而让铁板变成钢的办法无非是上级主管多锤炼他。

公司副总把一位戴着眼镜、身材魁梧的本地小伙子带到我面前，说是办好入职手续后，就让他上班。我有点纳闷：生产部最近没招人啊？干吗硬要塞一个闲人进来。想归想，既然公司副总把人领过来了，肯定有他的理由，于是，我第一时间给他办好上岗证后安排他去生产部报到。

小伙子姓马，家就在公司附近，据说是老板女儿的班主任老师推荐的，家庭条件不错，此番就职对薪水没什么要求，公司给多少算多少，他父母也不指望他每月赚多少钱，只想让他收收心，干点正事。

小马暂时在一位主管生产的副总麾下，既来之则安之，生产部正好有一台电脑空着，算是安排好了位置。小马只上过职高，也没有一技之长，生产部对他也没有明确的分工。

一晃眼，小马上班快一个月了，我去征询生产副总的意见：“需要给他办试用期转正手续吗？”生产副总呵呵笑笑，揶揄道：

“他还需要试用期考核吗?”生产副总的话外之意我也明白，但我不能假装糊涂。我去找常务副总商量，得到的答复与生产副总如出一辙。于是，我知趣地把小马的试用期转正审批表收起来另行存放，并在用工部门意见一栏中写上“拟录用”，并打上五星，以示与众不同。

小马就这样朝八晚五的上班下班，生产部也没有给他工作压力，顶多是让他做做报表或者有什么文件资料签收让他楼上楼下的跑跑腿，一个多月下来，小马的肚腩倒是瘦了一圈，但业务技能没有什么长进。工作日，除了为生产副总当通信兵，上令下达及下情上传外，小马的工作时间都被他挥洒在电脑游戏中。为这事，生产副总也没少劝诫他：“小马，上班时间尽量少做与工作无关的事情，让下面来办事的员工看到了传出去影响不好……”小马也很配合领导，每次都能自我检讨。但风头一过，依然我行我素。

生产副总看在眼里，急在心里。小马是通过非正常招聘途径进来的，这个人坐在生产部，关键是怎样把这个闲人利用好，不让他闲着。思前想后，生产副总决定和我找小马开诚布公地谈一谈，听听他的想法和下一步的打算。

会谈安排在临下班前，我通知小马去二楼会客厅，三人坐定后，我示意小马简单做下入职述职口头报告，小马支支吾吾地不知所云。我赶紧向他做了停的手势，再这样继续下去也只是浪费时间。紧接着，生产副总接话，从公司层面开始分析，指出他目前这种无所事事的情况已经被员工投诉了，对生产部的职能运转也造成了影响……

整个谈话过程中，小马自始至终都没有正面地反馈信息，临结束前，我试探着问小马："平时闲得打游戏，是不是与工作量偏少有关系?"小马仰起脸，凝视了我一会，点了点头。这时下班铃响了，我与生产副总交换了一下眼神后告知小马今天先下班，如有需要会另行通知。小马离开后，我与生产副总从小马的角度换位思考后，一致认为，工作不饱和，以及没有明确的分工安排是导致小马无所事事、沉湎于网络游戏的根本原因。生产副总自嘲道："看来是我制造了管理上的瓶颈，解铃还须系铃人……"

此后，生产副总一有任务就"逮"住小马，甚至开由管理干部参加的生产例会时也让小马出席。而小马，因为有了工作上的"奔头"，兴趣和注意力自然而然地转向日常工作事务，与各生产车间及相关部门的联系也更加紧密和顺畅了，原先对生产部颇有微词的人士也彻底改变了以往的"成见"。

恰好生产部统计员小白因为家里盖房子请长假，生产副总便把小马放到统计员岗位上锻炼。事实证明，小马上手快、领悟能力强，工作也很认真。统计员回来后，又恰逢生产部半成品仓库有仓管员辞职，生产副总又安排小马去顶岗，甚至是在生产部跟单这个事关全局的中枢岗位上，生产副总也放手让小马去做。

小马能动脑筋，肯钻研，哪里有需要哪里就有他忙碌的身影。就这样，小马成了公司拥有数技之长的多能工。一年后，生产副总向公司总经理书面提议，让熟悉公司生产流程的小马担任装配车间副主任，总经理同意了这个人事任命提案。

从职场"菜鸟"到岗位达人，计划跟上了变化，变化也印证了计划。

其实，在企业里，不管它的组织架构多么健全和规范，像小马这样“先上车、后补票、再找位置”的情况也绝非个案。实践证明，只有领导转变思路和观念，不戴有色眼镜看待职场新人，在相同的土壤里，“小马们”会成为公司不可或缺的人才。

“高”薪低就者易跳槽

我们可以做一个有趣的试验，从1数到100，数起来心顺气畅，反过来，从100倒数至1，就有些别扭了。薪酬也同理，打工一族都靠工资生活，都会有纵向比较的心态，倘若在下一家公司就职，工资待遇不升反降，自然就会产生“剪刀落差”。心理失衡的员工还会一心一意地和公司“过日子”吗?

三年前，公司司机因为另有发展而辞职走人了，于是，公司在当地的人才网上发布了相应的招聘信息，一时间，应聘咨询电话不断，甚至有求职人员直接找上门来“问津”的。我对此一一做好书面登记记录，以便从中挑选出最佳人选。

看报名的人也差不多了，我暂时中止在人才网上发布招聘司机的信息，并把9位应聘者的简历给总经理审视。总经理似乎对司机人选已有答案，他把我报送过来的第一手资料放在一边，说：“司机的人选我已经想好了，叫小包，他原来就在我们附近的企业上班，驾驶经验丰富，他明天会过来，到时候，有关薪资待遇及岗位职责方面的事宜你先去谈一谈。”同时，总经理还把小包的联系电话给了我。

第二天，小包如约而至，我在装配室让他填了入职登记表，以便了解他的情况和期望。在入职登记表原工资和现工资要求的空格栏里，小包写出的数字让我大跌眼镜，原工资3000元，现工资要求2600元。我对此很惊讶，小包写的2600元的数据跟总经理给我的底码一模一样，我意识到工资问题总经理已经预先跟他商定好了，现在无非是走一下流程而已。2600元和3000元，这是一道小学生都可以计算的不等式，这个不等式里面肯定另有隐情，我对此也不能刨根究底。小包填好简历后，我把他安置在我的办公室，组织分工调整后，车辆管理亦划归在人力资源部，在接下来的相处中，我便对小包有了更深的了解。在没有派差出车的时候，小包会谈论他的“过去”，比如，他会说原来公司的司机同事现在怎么样了，还下意识地感言原来厂里的老同事今年四月份又调薪了，言里言外，我感觉小包有种“身在曹营心在汉”的纠结情绪，可也不好过多地关注这个敏感的话题。

但说归说，每天上班，小包还是比较准时的，也难怪，人都有怀旧情结，小包念叨他的经历和见闻，也是他的思维中的“内存信息”饱和后自我删除的一种方式吧。

发现小包异常是在他入职后的第22天，这是一周中的第一天，按理说，每周的第一天早上上班，除了24小时制的门卫外，小包来得比任何人都早，他会在厂门口转悠，或者在门卫室看报纸。时针已经指向上午9时，但还不见小包的身影。这时，采购部的小张拿着一张派车单找我，要司机出趟车，去商店买一个车间用的工具，很着急。小包会不会在路途上出了什么状况或者家里临时有事情？小包曾经告诉过我，他家里有一个七个月大的儿子，该不会是他的孩子头疼脑热，上医院就诊了吧？我赶紧打他的手机，提示是“你拨打的手机已关机”。紧接着，公司财务总监刘姐要到银行办事也要求司机出车，看小包不在，便马上打我手机查他的岗，我告诉刘姐，司机今天估计是家里有事了，我也在联系他呢。

我为小包做着辩解，可心中却对小包反常的举动充满了“问号”，半小时后，小包打来电话：“岑老师，我儿子发烧了，现在还在人民医院挂吊瓶，不好意思，今明两天要请假了，等回来后再办理书面补假手续。”

第三天早上，小包提前上班，一切都回归正常。在办公室，我一语双关地询问小包：“小孩病好了吗？现在的情况怎么样？”从小包对答如流的回话中，我相信小包真的是“家中有事”。

又过了一星期，小包在工作日又出现了“你拨打的手机已关机”的状况，这次，我根据自己的直觉推断小包是在“骑马找马”——应聘下一份工作了。整整一个工作日，都不见小包的踪影，我内心也纠结，司机岗位是专职的，每天都有出车任务，当时因为考虑是总经理亲自推荐与敲定的人选，也没有对他做背景调查，想不到小包这么不稳定，而且还玩起了“躲猫猫”，这多少让我感觉小包有点“操之过急”和“不近人情”了。职场如营盘，对打工族而言，每个新服务的单位都是其中的一个“驿站”，在“驿站”内想停歇多久，取决于自己的意向及驿站主人的好客程度，但职场都有“游戏规则”，且不说潜规则的水有多深，就拿显规则来讲，劳动者试用期内辞职需提前三天告知对方的惯例应该不打折扣地执行。更何况，小包的岗位具有特殊性。

谜底终于在这天晚上揭晓，晚上六时许，我饭后陪女儿弹钢琴，小包一个电话打来，首先向我道歉，果不出我所料，而后他说：“原来公司的车队长在召唤他‘回槽’，工资加到了3200元，白天他就去老单位上班了，在熟悉的工作环境中做事上手快，人际关系也简单，所以……”我善意地打断了小包的话，告诉他：“员工试用期辞职是不需要太多的理由的，错就错在你不辞而别，于情于理应该尽到提前通知公司的告知义务，你突然袭击，我们都没有思想准备，公司正常工作日的用车秩序因你的不作为而搅乱了，换位思考，你感觉如何？”

我一番鞭辟入里的提示让小包连声说“是”。最后，我在电话中真心地祝愿他“回槽”后工作顺利。

员工“回槽”也精彩

员工的辞、留都是相对的，关键是看 HR 怎么解读他们的动机，企业除了将极个别不受欢迎的员工拒之门外，其他人不管是什么理由辞职离开，都应既往不咎予以理解。公司对辞职员工要持包容和宽待的立场。

在当前企业人力资源普遍短缺的大背景下，接纳员工“回槽”已成为企业用工的一种选择，想当初，员工因为各种主客观因素而对老东家产生审美疲劳，并在犹豫间选择了跳槽。

外面的世界很精彩可又很无奈，当初跳槽的员工经过比较后，发现新东家并非是自己想象中的那样尽如人意。两相比较后，老东家还是有许多优点甚至是不可比拟的优势，跳槽的员工在经历了一次心想但并没有事成的职场旅行后，萌生了与老东家第二次握手的念头。

对没有不良信用记录，心平气和分手的前员工，老东家还是欢迎的。诚然，作为以营利为目的的经济实体型公司，出于用工成本和对产能及品质的全局把握，欢迎一大批熟悉现行产品工艺流程，上手快，又不需要培训就可以直接上岗的前员工踊跃“回槽”。至少，老员工回到老单位后，能够软着陆，与新员工硬着陆且需要一步一个脚印的技能培训的过程相比，老员工无疑占有天时、地利、人和等方面的先天优势。

小周是我们公司的一位工艺员（工艺员的工作是落实产品工艺流程，主要是以技术为支撑执行任务的一线技术员）。两年前，小周禁不住老同学的“怂恿”和对方高薪的诱惑，在人往高处走的思维主导下，小周不顾我和公司其他高管的挽留，毅然决然地绝尘而去。他跳槽的公司是一家与我所在企业生产相近产品的制造型企业，他的职高时期的同班同学小许在两年前进入该公司，由于职高学的是数控专业，小许的基本功比较扎实，再加上自己刻苦钻研，所以，入职不到半年就如愿以偿地做到了车间工艺员的位置。而老同学小周的加盟，既使小许多了一个“知音”，又在工作中新添了相互切磋技艺的好伙伴。

有老同学在，小周很快适应了工作环境，第二个月月底，新公司发薪，公司兑现了当初挖角前对小周的薪资承诺，小周如愿以偿地拿到了自己期望的工资。但是接下来的情况，让小周始料不及。一天下午下班前，公司老板找小周谈话，在说了一些客套话后，老板话锋一转，郑重其事地告诉小周：“鉴于目前是生产旺季，公司需要车间现场工艺员不定时加班，星期天可能也不能休息，生产部领导会与你沟通具体细节，你要做好连续作战的思想准备……”

走出总经理办公室，小周又被生产部长叫去谈话，生产部长告诉他：“接下来的三个月，除了礼拜天晚上不加班外，其他工作日的晚上还要另外加班三小时，为方便工作，公司已经给你安排了宿舍……”

离开生产部长的办公室时，小周有些纳闷：原来谈好的条件不是这样的，怎么就不经我同意单方面调整工作节奏？小周有些想不通，便在当天中午与老同学就餐时向他打听。一听，老同学呵呵地“奸笑”不已：“周老弟，你够天真的，老板出这个价，他肯定要物超所值，哪个老板会做亏本生意。”小周接上话茬：“原先说过的话就不算数了？”小许不耐烦地警示小周：“计划没有变化快嘛！在这里做事就要按照老板的指示来，哎，我劝你也不要为加班这事胡思乱想了。”小周与老同学沟通的本意是想告诉他，自己最近谈了一个女朋友，希望公司少安排他晚上加班，毕竟，谈恋爱也是人生大事，如果耽搁了，可能就会留下遗憾。小周说通不了老同学，只能直接找老板，在总经理办公室，老板面对小周的要求，显得十分镇定，老板说：“小周啊，每个企业都有加班文化，你想想，加班越多产出就越多，员工的收入回报就多，劳资双赢不是很好吗?”自始至终，老板都没有给小周申诉的机会……

半年下来，小周有种被“出卖”的感觉，何去何从？小周经过通盘考虑，决定“回槽”，他打电话给我，很有诚意地向我咨询，像他这样原先要求离职的对象，可以重新回来吗？在电话那端，我没有即时给出答案，只是告诉他，像他这样有技术的人才，公司还是会郑重考虑的。

与小周通话结束后，我在第一时间就此信息向公司常务副总做了专题汇报，常务副总表示：“对于技术型人才，公司的大门始终是对他们敞开的，现在小周想起了老东家的好，想回来也是正常的。但需要确定的是，这次小周是否已做好在本公司长期“安营扎寨”的心理准备，我们公司需要忠诚度高的员工，这样才有利于公司的长远规划，对‘回槽’人员的自身发展也会有较大的帮助。”

与常务副总交流后，我致电小周，让他来公司面谈，一些细节问题还需要当面确定。

和小周“回槽”前的面谈很顺利，常务副总直接与他敲定了“回槽”的日期。在薪资方面，公司经过几轮严格的绩效考核后，现有的薪资在同行中也比较有竞争力了，小周也表示认可。

在小周“回槽”的第二天中午，我专门组织了一次“回槽”人员建功立业的恳谈会。在恳谈会上，我指定小周给与会者做跳槽心路历程回顾，我也借机代表公司对吃回头草的员工表示理解和感谢，欢迎他们重回公司的怀抱。

员工离职面面观

通常情况下，员工离职是不得已而为之的无奈之举。了解并研判离职原因很重要，知悉深层次的离职原因是关乎今后员工“回槽”的一杆标尺，很有意义。

员工离职，理由五花八门，了解深层次原因很重要，以下是我十多年从事 HR 工作遇到的若干离职典型。

(1) 人际挤对型

公司是一个设有围墙的内部小社会，人际关系自然也不会像家庭成员那样简单，职场中人一旦陷入人际关系的漩涡，就会陷入被“深潜”的困境。这时，职场上的你就只能踽踽独行甚至是寸步难行。因为人际关系挤对而选择走为上策的人也不少。初任新职，藏锋隐芒、低调做人很有必要，不折腾、少作秀、适当地示弱是消除人际挤对的润滑剂，只有你的存在不对他人构成威胁，对方才会打开心扉、由远及近地接纳你。

前不久，公司来了一位主管品质的新人（新人是针对新东家而言的），我认为，这位主管很懂心理学。第一次参会，让他发言时，他首先是 90 度鞠躬，接着又说：“初来乍到，请各位老师多多关照。”言毕，我带头为他鼓掌，试想，这么会做人的职场人士，大家怎么会挤对他呢？把自己放低，不争一时之短长，自然会有贵人相助，不会有躺着中枪的奇葩“事故”缠身了。

（2）薪金不给力型

众所周知，维系劳资关系的重要纽带是资方富有行业竞争力的薪金。薪金不给力，职业素养不高的职场中人便会与资方玩“磨洋工”的游戏。下班铃一响，他们就会在第一时间打卡，老板也别指望他们会为公司奉献“余热”。像这样大错没有小错不犯的职场人士不在少数，作为公司最高领导人的老板还得学会与这类员工打心理战。一言以蔽之，薪金无疑是吸引职场人士的磁石。事实上，劳资双方能真正做到“薪心相印”的可能性微乎其微，资方追求的是用工成本的最小化与效益产出的最大化，而作为从属一方的打工者，考虑最多的是每月能拿到多少薪金，毕竟工人靠工资过日子，企业“愿景”与“理念”不能当饭吃。

春节刚过，公司的技术部骨干小董绕过人力资源部，直接找老板谈加薪，声言自己已找好了更有发展空间的下一家企业。他询问老板：“就我目前的岗位而言，还有没有加薪的可能?”而小董在与老板谈话前，手中至少还有两个项目处于“半成品”状态，而且是开发国外市场的拳头产品。平时心高气傲的老板想产品开发快成功了，如果放小董走，其他人估计也无法深入推进这个项目，权衡再三，老板咬咬牙又“放了一次血”。

（3）边缘化架空型

这类职场人士处于“听天由命”的状态，人还是公司里的一员，但就是不受老板待见，或者说在老板看来，他们是“鸡肋”。职场人士如果走到这一步，确实有点黯然神伤。边缘化架空型有人为和客观之分。所谓人为，即由于做事前没有做好“人”，导致同事的围追堵截，“人事”进不了主流渠道和核心圈子，意见不被接纳，行动处处受钳制，这样的事件在公司里屡见不鲜。

被边缘化架空的人士，自我救赎很难。俗话说：“一个好汉三个帮。”职场中人需要不断提升自身的气场，说到底，人脉决定你的“职场生命”，而这些被边缘化的人如果适时急流勇退，亦不失为明智之举。“留得青山在，不怕没柴烧”，让自己变强大是第一要务。

公司有一个生产助理，与生产部长之间存在矛盾，两人擦肩而过也装没看见，工作沟通更是难上加难。但两人都是聪明人，谁也不想先捅破这层看似透明实则模糊的玻璃纸，最后，双方之间的工作沟通发展到用纸交流的地步。生产助理在生产部的层级架构中处于下端偏中的位置，交起锋来自然与生产部长不是一个档次和级别。踌躇中，生产助理选择了“走为上策”，吃一堑长一智，据说，生产助理跳槽后变得很会做人，新东家的生产工艺与老东家差不多，他在生产副部长的岗位上如鱼得水。

（4）咎由自取型

这类职场人士一般表现得比较另类，或者说是个性员工，常常有出其不意的动作，内心不想受既有体系框架的束缚。他们的言行往往与供职公司制定的规则抵触，他们喜欢折腾，届时，便会有他们的空间了。这类员工，说白了在人格方面存在一定的认知障碍，遇事较真、喜欢争论，当他们钻进制度的单行线时，往往会一条路走到底，最后走进制度的死胡同里。

咎由自取型的职场人士遇事较真又当真，不按常理出招，与他们相处会显得无所适从且担惊受怕。当然，挑战制度者最终都会被制度抛弃，这是铁定的显规则。

我三年前工作的公司曾经发生过咎由自取型的案例。公司新开了一条新产品流水线，那时，流水线管理者叫系长，系长上面是制造部部长。制造部部长是广东人，是个年轻人，老板专门从广东挖角过来的，系长是土生土长的本地人，从事本行业达 20 年，自然不把眼前这个年轻人放在眼里，从暗斗到明争，直至系长公开抵触部长的命令，让新部长骑虎难下。于是，新部长跑到老板办公室告“御状”，老板十分恼怒，当场把系长叫过来痛骂，并且要系长当面向部长道歉，系长不肯低头，结果“在劫难逃”。

员工离职的类型远不止这些，但一个不可否认的事实是，任何理由的离职对劳资双方而言，都是一场不增值的零和游戏。

“碰瓷”

应聘者良莠不齐已成为目前招聘市场的常态，管理者要有探测应聘者内心世界的慧眼，在面对“碰瓷”等麻烦时，管理者要敢于亮剑，忍气吞声、委曲求全只能惹祸上身。

职场有句俏皮语：“招聘有风险，用工需谨慎！”

诚然，同为普通人的管理者不可能是孙大圣附体，有火眼金睛的特异功能，招过来的人的额头上也不会出现“我是刁工”的字样。但在招聘实践中，我经历过与碰瓷者“险象环生”的交锋，至今回想起来还心有余悸。

五年前，我在一家远离集镇的偏僻工厂供职，企业地理位置处于招聘动态链的末端，平时普工应聘时常处于“断流”状态。鉴于此，如果应聘者没有明显的精神和生理缺陷，一般都会“照单全收”，对年龄大一点的应聘者也会降格以求，目的是为了充实一线员工队伍，以突破因人力资源供给不足而产生的生产瓶颈。

在应聘和用工存在严重需求落差的形势下，企业最高领导人有先把人招进来再说的思想，事实也只能这样了，招聘最淡的月份，一星期都难得碰上几个应聘者。一边是生产部不能完成订单任务拼命地催促人力资源部招人，一边是门卫室大门口门可罗雀，急得我真想把自己变成孙悟空，拔一撮毫毛变出干活的人来。把人留下来可是硬道理，虽然老板的招聘思路有些冒进，但是我认为他的理念还是颇有可取之处的。

前段时间，当地市级日报刊登了一则新闻，大意是本市有家企业遇到社会闲散人员“碰瓷”的情况，我看后认为很有实践指导意义，但想想这样的事情我应该不会碰到。说什么来什么，不久，我便遇到了一个打着找工作的幌子而行“碰瓷”之实的“白无常”。

那天上午八时许，刚过上班时间，室外雾气浓郁，招聘牌前空寂无人，我感觉今天招人是没戏了，遂去车间巡逻。这时，门卫保安老楼打来电话，说：“门卫处有两个应聘的人。”一听到有人来应聘，我兴奋得像打了鸡血似的直冲过去，一看是夫妻俩，长相和善，年龄看上去已经奔四十。我认为，这个年龄段的人应该是实实在在做事的人，于是，也没想太多就立刻引导对方去五金车间试工。车间主任正愁找不到做事的人手，见有人来试工便欣欣然地前来接应。现场一试，行！夫妻俩好像都是熟练工，主任当即拍板录用，于是，夫妻俩说干就干，甩开膀子操作起来。可是，下午三时许，车间主任突然打电话给我：“岑部长，你上午招聘进来的夫妻俩中的丈夫不小心在产品箱上跌了一跤，现在人躺在地上动弹不得，你过来处理一下。”

闻此反馈，我想起前不久报纸上刊登的“碰瓷”消息，感觉这件事情有些蹊跷。按理说在白天，又是一个熟练工，不会犯这么低级的错误，但员工在工位上跌倒的事也不是没有发生过，在去车间的途中，我努力让自己往好处想。

来到现场，已经围了不少工友，大家正七嘴八舌地谈论着细节，好多人都向那个男人投去怜悯的目光。我观察了一下环境，发现了一个破绽，那就是男人躺在地面捂着左手肘正叫唤着，而女人似乎不太悲伤，默默地注视着地上的男人。我拨开人群，想把他搀扶起来，他忙摆摆手，示意手肘骨折了，我说：“那抓紧时间去医院看看，拍 CT 查一查，不去医院怎么办？我们又不是医生！”这时，他的妻子搭了腔：“领导，我们家乡广西那边看病便宜，公司给我们一笔钱，我们自己回去看病好了！”她的要求让我感觉不合常理，哪有舍近求远回家去看病的人，而现场好事的员工也开始嚷嚷了，说：“管理者都是吃干饭的？人都伤成这样了还不花钱了事？”我当即理直气壮地反驳这位员工不负责任的说法：“事情没有你想象得那么简单！”

制止了员工的流言后，我郑重其事地告诉还躺在地上的男人：“要么公司送你去医院检查，要么公司报警让派出所来处理，请你表态！”躺在地上装痛的男人见我这架势，手肘的伤似乎好了一大半，磨磨蹭蹭地从地上慢慢起来，沉默不语地装傻，我揣测男人是期盼着公司领导动恻隐之心。我也不急，就看着他装傻，看看他能装到什么时候。半个小时过去了，那男人终于露出了原形，他利索地直了直腰板，拉着他媳妇的手，说：“我们自己去找派出所解决。”他说完后就走出了车间。

事后，车间主任连说三个没想到，称下次碰到这样的事情可要多长个心眼，而原先几乎一边倒为那个男人帮腔的工友们此时也面面相觑。

无独有偶，事件刚过去半个月，我又遇到了一个碰瓷者，这次不是夫妻档，而是一位年仅 20 岁的小伙子，小伙子人长得敦厚，对手板车床的操作亦有两把刷子。我们对熟练工自然是求之不得，车间主任又热情地来接人。

这次，小伙子并没有碰瓷前“热身”的前奏，上岗操作不到 10 分钟，他捂着手掌心就叫起来。这次，周围的工友们比以前淡定多了，既不围观也不一惊一乍地相互呼应。车间主任有了上次的经验，底气充足了不少，说：“怎么啦，小伙子？”主任掰开他的手掌察看伤势，发现手掌心莫名其妙地鼓了起来，根据经验，主任确定其中有诈，于是，提出陪他去医院看伤。对话中，对方提出了与前述夫妻俩同样的要求，主任当即严词拒绝：“要么公司送你去就医，要么我们让派出所处理！”对方一听，先在气势上矮了几分，尔后，自言自语地说了句含混不清的话后悻悻然离开了。

冷裁员

裁员是一件痛苦的事情，不得已才忍痛为之，职场中人对自己要有准确的估量和研判，不能有令不行、有禁不止地犯忌，甚至是当一天和尚撞一天钟。当事员工如果真的去意已决，就应该赶紧“制动”，自己给自己找台阶下才是明智之举。而企业，从长远的角度考量，要慎用冷裁员。

物料综合仓库的仓管员小曹入职近两年，对本职工作是马虎有余、认真不足，他经手录入电脑的数据经常出现差错。对此，经常与小曹打交道的车间一线员工都对他颇有非议，慢慢地，小曹的主管大孙也被底下员工的投诉弄得心烦意乱。

有道是解铃还须系铃人，当初小曹应聘仓管员时，是大孙亲自面试并决定的。想当初填入职登记表时，他把自己的名字写的“龙飞凤舞”，差点没把大孙“雷”到，大孙问：“你怎么写字像天书一样?”小曹说：“我这个签名是经过特殊培训的。”大孙当时一听就有些不高兴，说：“你把字写得连书法家都认不出来了，你还说好?”但说归说，仓管员的人选还真不好找，在小曹之前面试了三位，都是“熟练工”，可人家最后都嫌工资不够高走人了。工厂在地理位置上也没有优势，所以，小曹入选应该是矮子里拔将军的结果。

小曹也不是一来就打马虎眼的，前三个月，他也是尽心尽责地做事，业务上手也很快，现在一不注意就出差错。说起原因，我认为，小曹可能有些职业疲倦了，填入职登记表时，他在工作经历一栏里写道：××年××月至××年××月，在××公司做市场营销。后据了解，他不在办公室坐班，属于与客户面对面交流的营销人员。

抑或是他还在回味过去那种自由自在满大街跑的美好时光吧，现在每天朝八晚五的坐班工作对他而言，束缚了他的“天性”。现在的核心问题是怎样让他专心致志地工作，仓管员的工作说复杂也不复杂，关键是要用心。在物料综合仓库的墙体上，“细心杜绝差错，专注成就品质”的文化标语赫然在目，文化标语揭示了细心和专注的重要性，而小曹，眼下就缺少细心和专注。

小曹低迷的工作状态使大孙一度萌生过“不换思路就换人”的念头，但想到暂时还没有合适的人选，他也就将就着。

在一次与大孙的工作交流中，我提出可以考虑找小曹谈一谈，听听他真实的想法，或许，他工作不在状态另有隐情。大孙表示可以和我一起找小曹谈话，具体的时间由人力资源部安排。和大孙达成共识后，本着宜早不宜迟的思想，我安排在第二天下午下班前 20 分钟谈话，这样对工作也不会造成影响，下班前的临时谈话也会谈出实质性的问题和想法。员工下班归心似箭，我想小曹也不例外，谁愿意下班了还在会议室里谈话。

小曹准时来到谈话会场，我先和小曹寒暄了几句，紧接着切入了正题，我让小曹对前阶段的工作进行述职。述职中，小曹对自己所分管的业务讲得头头是道，与实际工作中不在状态的情形相比判若两人。“好了，暂停一下！”大孙打断了小曹的“报告”，直奔主题地问小曹：“照你这么说，产品箱卡数据录入有差错是子虚乌有的事喽？员工投诉你工作质量不高、做事拖沓也是不存在的事情吗？”大孙的问话有些尖锐，这样也好，大家面对面零距离的对话互动，比有话憋在心里相互揣摩对方好多了。小曹为自己申辩道：“工作方面出差错也并非是我故意的，下面报上来的箱卡数据都是连笔字，我也看不清楚。”“你可以去问呀？人家刚走出校门的小姑娘都能与员工互动，你也算是见多识广的人，就没想到与一线员工沟通？”大孙打断了小曹的解释，下班铃也恰好响了，于是，我趁机打了圆场：“孙主管、小曹，今天暂时谈到这儿，如果有需要，找时间再沟通。”这次对话虽然差一点谈崩，但坏事也会转化为好事，至少，直截了当的表态让小曹知晓了公司的最终底线。

谈话以后，小曹的工作绩效依然停留在“老地方”。大孙也暂时不闻不问，开始物色新人选。大孙想：既然现成的熟练工留不住，还不如干脆招一个从学校刚毕业的学生过来，业务起点虽然不高，但可以手把手地教，想必，刚从学校出来的人的领悟和适应能力也不会太差。

春节后第一天上班，大孙带了两个技校毕业的女生上班，原来小曹一个人的活儿分解成三份，大孙美其名曰：“因工作需要，仓管员配置AB岗位，保证工作日人员不断岗。”小曹也不是番薯脑瓜，他知道AB岗其实就是冷裁员，是在变相地挤对他。

“三足鼎立”的局面维持了两个月，加薪无望，工作处于赋闲状态的小曹终于忍无可忍地提出了辞职，大孙在一番词不达意的挽留后痛快地签字报批。

公司要想处理大错不犯、小错不断的员工，设置 AB 岗倒也不失为规避之策，只是公司在处理员工之后，是否也应反思既有的企业文化?

换人与聚心孰轻孰重

老板的思路决定管理人员的出路。老板频繁换人，是病急乱投医的盲动，令现职各层级管理人员人心惶惶，连一线员工也会对公司的前景打上问号。

企业里有两类持不同用人观的老板。目光长远的老板会把处于核心岗位上的管理者“养”起来使用，因为他们知道真正的人才不是一朝一夕就能带来效益的，就像十月怀胎一朝分娩的孕妇，需要时日。另一类老板把引进的“空降兵”像透支“信用卡”一样使用，动辄换人，不知休养生息、欲取先予的道理。这类企业与其说是急于求成，倒不如说是先天不足、“基因”有问题。

铁打的营盘流水的兵。员工的更新对企业而言，虽然不见得是好事，但也不会对公司的正常人力资源管控造成“硬伤”，真正使企业谈虎色变的隐患是体现在中高层管理者的“异动”上，即中坚管理者不正常的跳槽。面对“四面楚歌”的环境，迫于无奈，管理者选择了“自我放逐”，有时候，职场中人为了维护自身人格上的尊严，好死比赖活显得更有意义，其实，急流勇退更需要智慧和勇气。而有的人则因为老板先入为主的偏见，在举步维艰的“内外交困”中被迫离职。中坚管理者不管是被动还是主动离职，都将会对企业的人员稳定带来不可避免的负面冲击，后果不容小觑。

换人与聚心孰轻孰重，各人看法不一，有的企业主刚愎自用，热衷于用挑剔的眼光看待身边的人与事，习惯做减法，自认为有钱就能招到合适的管理者，在换人与聚心之间选择了前者。另一类企业主，胸襟开阔、宽待属下，他们是从留人的角度把人“养”起来，在企业人力资源的经营上贯彻“与人为善，为我所用”的人本理念。老板如果对属下采取以任务为本、以一时一事的成败论英雄的态度，坚持“毕其功于一役”的速成思想，跟不上他的“散打”节奏的中坚力量就会被边缘化直至离职。把人才的使用等同于像治疗感冒、发烧一样强制见效的也大有人在，殊不知，人才的生长同样需要适合的软硬件环境：合适的土壤、明媚的阳光和适量的水分，当然，要排除有问题的种子。

换人与聚心本末倒置，导致企业人心浮动、生产线告急，人员像走马灯似的进出，而补充进来的人还未过试用期便溜之大吉，武断自大的老板还在为稳不住员工而对生产及人力资源主管大发雷霆，让两个核心部门的主管背上了办事不力及用人不当的黑锅。这些老板根本没有考虑如何在聚心上做文章，以人性化关爱的方式留住合适的员工，而是摆出一副“宁可我负员工，不可员工负我”的姿态和“热战思维”，不懂得人才是需要“养”起来的道理，一味地追逐企业的盈利执行模式，把企业家的社会责任一股脑儿地抛到了九霄云外。

就算是在人心稳定的正常状态下，“见异思迁”的老板也想着如何让员工再加一把劲，超常规地提高产能，而在有关福利和薪资待遇方面，却对员工不闻不问，抑或顾左右而言他地打哈哈。假以时日，老板怎样对待员工，员工就会以其人之道，还治其人之身。那些对员工离职持“山不转水转”心态的老板，对员工的不正常流动的原因心知肚明。但是他们喜欢装糊涂，而且还是难得糊涂，对下面的执行者时不时地不问情由地指手画脚一番，让下面的执行者感到左右为难。这样的老板还会在事后自诩是以结果为导向，抛出过程无用论的奇葩论调。

对于换人与聚心的关系，我有切身体会。几年前，我在一家金属制造型企业工作，老板在一年内换了四任生产部长，时间最短的一位以在职两个月零七天创下了新的快速离职纪录，这与老板的“千里马”思维有不可分割的关系。他的本意是希望来的人都是“千里马”型的角色，这也是人之常情，毕竟出了不菲的工资，需要得到等值甚至是超值的回报。但是，人才也有自身的成长规律，一味地以实用作为衡量人才的唯一标准，结果只能适得其反。

老板似乎对这四任生产部长颇有微词，说他们都是来混日子的庸人，还怪自己被这些人蒙蔽了，好像人才流动的责任完全在于打工者。

四任部长中，任期最长的一位坚持了4个月，真不知道老板当初是怎样甄别核心岗位的核心人选的。且不说四任部长的水平如何（据我了解，都是适用之人、可造之才），老板自己的心态不端正，对核心岗位的人像演戏一样频频换角，员工看在眼里想在心里，在加薪无望时，他们便会离开。员工感到前途无望的原因是，连部长级的“空降兵”都接连出局，他们的命运也不会好到哪去。于是，公司接二连三地出现跳槽热潮，一次有20多人离职，生产线几乎处于瘫痪状态。

善良的员工在辞职申请单上填写原因时，依然会维护公司的形象，都无一例外地写了“家中有事”。我认为，与如此仗义的员工相比，老板真应该反省自己的做法了，毕竟员工是公司维系盈利执行模式的“动力”。用工荒来临，老板把人力当成资本而不是资源，资本是不可再生的，而资源无疑是可以循环使用的，资本与资源一字之差，结果却大相径庭。把人力当成资本者的用工之路走得会很辛苦，把人力当成资源者，至少在思想上占领了用工的“制高点”。

懂得聚心的老板善于顺势而为，知道频繁换人是经营者的“软肋”，是需要规避的，以免自伤元气。

师傅妻子请回避

师傅最烦员工在背后对他们“指指点点”，把师傅的另一半请出工厂大门，企业看似冷酷无情，实则是爱护师傅。

夫妻双职工“同槽”的现象屡见不鲜，但在对待管理人员夫妻“同槽”的问题上，有的公司比较谨慎。

主要原因有两个，一是出于对“夫妻组合”工作交集上的考虑，普通员工担心有管理背景一方的夫或妻对另一方进行公共资源倾斜，员工担忧自身的权益受到损害，进而导致对现有制度执行及工艺分配的公开、公平、公正产生怀疑。二是从公司层面管理者队伍建设的整体考虑，夫妻“同槽”多少会让管理者分心分神，工作质量和效能下滑。如果夫妻双方是同一层级的上下级关系，则会引起相关员工的“特别关注”，假如出现一碗水端不平的情况，夫妻一方中的管理者会被员工诟病，届时，作为管理者的夫妻一方就比较被动，甚至出现夫妻双双离职的状况。

我曾经在一家制造型企业从事 HR 工作逾六年，有一次，公司招聘了一位分管质量的副总，老板亲自面试，录取前，老板郑重其事地告诉对方：“公司出于整体效能考虑，暂不允许新引进的中高层干部带家属上班。”

从此，公司形成了一个用工惯例：管理者家属另请高就！即师傅（制造型企业对车间管理干部的敬称）妻子请回避。对新招聘的管理层，控制其与家属“同槽”容易，难就难在公司初创时已经“同槽”的夫妻，且有的管理层当时还不是管理者的身份，一线员工晋升转换身份后如何处理，是摆在公司决策层和人力资源部面前的现实问题，毕竟人家也是“同槽”为伍在先。老板经过考虑，提出了一个不成文的规定，鼓励师傅妻子走出去，主动提出的人，公司给予一笔不菲的安置费，并初步确定了措施实施的截止时间表。

由于企业最高领导人的坚持和推动，在一年之内，经过夫妻管理层一方的动员，生产部的七个师傅中有四个师傅的家属在规定的时间内自行退出，公司也兑现了承诺。反馈的信息显示：离职的师傅妻子在其他单位发展得很好。

尽管公司当时的做法看上去有些“不近人情”，但从师傅们的工作效能来看，因为少了不必要的牵挂，工作起来更加大胆和聚精会神。原先对公司做法竭力抵触的个别师傅，也因为妻子离职后自己能够轻装上阵而打心眼里佩服老板的远见。

剩下的三位师傅，公司领导也不着急，顺其自然。

一年后，装配车间主管陆师傅向人力资源部递交了他爱人的辞职申请书，在辞职理由一栏中写着：另有发展。我会心地一笑，当场办理好该师傅家属的辞职手续。

现在留下来的两位师傅，都在五金车间上班，分别是车间主任和带班师傅。两位师傅的爱人都是技术熟练的老工人，熟悉五金件的打孔、挑牙、剥内外圆等工艺，是指定的新员工的技术领带者。同处“一片蓝天下”，每天在工作上有交集，有时员工因为车床装刀等因素赚不到钱时会对师傅的另一半横加指责。

看来，避嫌的最好办法就是另一半离职。基于员工对师傅家属有成见，车间主任老黄决定动员爱人尽快离职，免得员工总是戴着有色眼镜看待他的另一半。老黄经过努力，在自己家里购置了几台自动车床，业务也有了着落，遂安排爱人在家里看管这些机器。安排妥当后，老黄也替他爱人办理了辞职手续。

看来不与家里人“同槽”的思路还是对的，老板真有眼光！不怕员工素质低，就怕员工不服气，洗去了“嫌疑”身份的老黄下意识地由衷感叹。

车间带班的李师傅对夫妻不能“同槽”持反对态度，他为着急的妻子辩解：“靠技术吃饭，同工同酬，自己又没有对妻子特殊照顾，为什么一定要师傅的另一半离槽呢?”李师傅说得振振有词，但很多靠技术吃饭的员工并不领情，甚至时不时地对他“吐槽”。终于，李师傅动用手中的公共资源为妻子谋私利时被其他员工逮了个正着。

有一次，车间里要试制一批新的系列产品，主任把任务交给李师傅，让他安排车床。接受任务后，李师傅第一个想到的是自己的妻子，夫妻沟通方便些，工作配合也是旁人没法比的。于是，李师傅边看图纸边帮妻子装刀，他“关心”过头的举动引来了员工的“吐槽”。为什么？因为按照公司工艺行为准则规定，试制新产品由被指定员工全程负责，师傅只对图纸中的不确定的技术参数负责，也就是说，李师傅如此手把手、零距离地帮助妻子干活是公权私用的不规举动。

最后，产品试制是圆满完成了，但李师傅差不多成了车间员工的“公敌”，而真正使李师傅出状况的是一份《产品试制补偿申请表》。车间刺头大施在统计员那里查自己的产品入库单时，意外发现了一个秘密：李师傅利用职位之便，把他的妻子做试制品的补偿时间多填报了三个小时。消息一传出，员工一片哗然，组团赶到生产部要求处理此事，生产部领导无言以对。

该事件发生后，李师傅和他的妻子选择了辞职。挽留不成后，公司批准了他们的辞呈。

【第四章】

日常管理篇

正副搭配，干活不偏

管理，其实就是为了实现目标而相互制衡的过程，正副搭配，多一个人手，多一个主意，就多一分胜算。

公司是人力资源的集散地，招聘时有意识地配置性别相对平衡的员工，能有效预防员工的审美疲劳和“工作倦怠症”。但是为了避免工作时出现偏差，我认为还需要正副搭配。正副搭配的目的是减少和消除偏差，使工作成果最大化。

正副搭配，我们不能简单地认为是“人浮于事”，企业引进政府型组织模式很有必要，一正一副，相互制衡而又相向而行，有何不妥呢？当然，正副搭配应用于管理者之间，对员工而言，是没有正副之分的，只有 AB 岗的设置和区分。正副搭配一般适用于公司的二、三级职能组织，比如，生产部及下辖的车间，分别是对应二、三级职能组织，班组以下就无需再进行正副岗的配置。

我曾经服务过的公司，二、三级部门都采用单领导制，看似人员精简，其实隐患也很多。且不说部长（主任）的工作能力怎么样，如果他能力强，囿于精力有限，尽管当事人具备能者多劳的条件，但是实践操作起来难免会顾此失彼。精简必须建立在职能正常运转的基础上，假如管理者整天疲于奔命、忙于应付，那么他的效能将会大打折扣，所管理的一揽子事务的工作质量也将下降，这方面的教训不是没有。

生产部是产生效益的最大盈利部门，也是公司最大的二级部门。在变革前，公司出于人力资源用工成本的考虑，对生产部没有配置副职，致使部长一人统揽大小事务，大到生产计划分解，小到每个班组的协调配合，部长都要亲自过问。实际上，部长除了身兼副职外，还兼做生产计划员、车间统计员的工作，忙得团团转还是分身乏术，心里叫苦不迭。因为公司没有配置副手的计划，生产部长双肩挑满了担子，整个人除了还能蹒跚行走外，其他心有余而力不足了。由于生产进度缓慢，他安排员工频繁加班，弄得自己苦不堪言。

生产部长权衡再三，想要撂担子离职，公司领导追问原因时，生产部长终于一吐为快，把积压在心里的工作压力一股脑儿地说出来。释放心中的压力后，这位生产部长感到很轻松。接下来就是公司领导需要考虑的问题了。不是那位部长能力不强，而是一个人唱独角戏没人喝彩不说，有时也因为事务性工作多，在时间管理上缺乏统筹安排，多项工作同时交集，很难分清主次。于是，紧急但不重要的事务偏偏摆在了前面，重要但不紧急的事情被搁在一旁。

这还不是最窝心的事，生产线因为工艺编排多，生产部长事务繁忙走线巡视不勤，导致生产线现场状况不断，员工返工、返线如家常便饭，小问题积累多了成了慢性病，经常反复，员工因为赚不到钱而怨声载道，有的员工干脆找借口请假，寻找新工作。单领导制的弊端还表现在当事人事事以订单为本，以人为本的理念变成了以任务为本，员工除了每天埋头拉车外，已无其他选择。企业文化对员工来说，是一轮看得见摸不着倒挂在河里面的月亮，员工身心疲倦后萌生去意已成常态。生产部长看在眼里急在心里，可又不能随意给员工许诺，上层管理者授权不足也成了生产部长离职的原因之一。

公司领导静下心听了生产部长的原因后，表示理解和接受，毕竟一个人的精力有限，与其面面俱到不如“术业有专攻”，至少能够巩固现有的工作阵地，也更容易出成果。是该审视和检讨现有岗位设置的实用性和统筹性的时候了，公司领导痛定思痛，决定给现有二级部门单领导制的岗位进行组合配置。即原则上“部级”层面必须实行一正一副的双领导制，对单领导制的岗位进行适度的增肥，以使工作更加聚焦，不致偏离既定的轨迹。

正副搭配，干活不偏。所有的“部级”微调后，以生产部为龙头的二级部门重新运作，各方面的关系得到理顺，员工的情绪也稳定了，公司的向心力和凝聚力也与日俱增。不少员工还主动为公司介绍亲朋好友入职，使公司的人力资源得到进一步补充，生产订单的计划完成率也节节攀升，员工请假及在职工作日无所事事的现象也成了过去时。

最显著的变化是，原来在单领导制期间因为部长忙不过来而耽搁的事情都进入了“收官”阶段，部级辖下的管理者因为上面受而不理、拖而不绝导致的“半拉子”工程也提前进入处理程序。生产部副部长，相当于部队指导员和政委的角色，配置副职后，日常员工行为纪律规范工作就有专人监管了，下面的班线长也不用天天催工了。

正副搭配，干活不偏还包含另外一层意思，即所有在生产部发生的事情必须在部门范围内限时就地解决。简而言之，不能随意把问题升级是设立副职的初衷和盈利执行模式的初衷。

正副搭配还有利于集思广益，原先一根筋、钻牛角尖的做法亦被管理者头脑风暴式的多向思维取代。

老板的假糊涂与真胡言

老板是真正的变色龙，他会和你真主意、假商量，看似对你信任有加，实则虚与委蛇。老板在君子与小人之间走钢丝，体现在他的假糊涂与真胡言上。而打工一族，既要审时度势，又要相向而行。毕竟，人在屋檐下，不得不低头。

企业的HR，他的直接上级有可能就是老板本人，在工作日8小时内的相处中，如何揣摩和研判对方的心理和真实想法非常重要。

我也有这样的经历。那是一个吃年夜饭的日子，我们几个企业的中高层为陪伴老板坐在同一桌，酒过三巡，坐在我身边的老板凑近我，我以为他要寻找什么东西，赶紧把整盒纸巾递过去，而老板似乎想说什么，说了些连他自己都听不清楚的“悄悄话”。我自然是不懂装懂、频频点头，弄得他人投来疑惑和猜忌的目光，让我很不自在。

无独有偶，某年中秋节，老板不知何故，突然心血来潮提出中高层管理干部聚一聚，定好在某大酒店相聚。与老板共宴自然是联络劳资双方情感、另类沟通的好方式，我拟编好出席人员的名单，交由老板过目，老板粗略看后同意了。于是，我在第一时间把就餐入围人员逐个通知到位并且申明：老板请客，统统不准请假。安排妥当后，大家在请客那天都带了崭新的衣服过来上班，以便赴宴时穿得光鲜些，给老板留下好印象。宴席设在靠近市中心的郊区，应该说是闹中取静的休闲场所，照例，老板先敬众人第一杯酒，大家起身双手端酒杯恭敬以对。

宴席上，你来我往的频繁敬酒将气氛推向了高潮。酒过三巡，老板一番酣饮后打起了太极："我提议，以后每季度都办一次类似的聚餐，大家放松心情，我也可以借此机会慰劳大家。"老板话音刚落，一位有点戆的车间主管马上接话茬："×总，那敢情好，我敬你一杯，你随意!"说完，双手举起高脚杯，脖子一仰，几口就把红酒灌进肚子里，老板一个激灵，又往这位主管空杯里加满酒，说是"回盘"。那位车间主管酒量也确实不是一般的好，把回盘酒一饮而尽，博得老板一连三声"OK"。

自然，车间主管在众人面前信心满满，而他在酒席上的表现并没有为他增加印象分。宴席结束后，我与老板同乘一辆车，途中，老板向我提问："××主管平时工作日是否也在喝酒?"我一怔，心想，老板怎么会往这方面想呢？我说："×总，在工作日，他能够克制自己，午餐时间还没有发现他喝酒。""嗯，那就好…"老板喝多了，回话也有些不利索。

作为HR，有时候要多长个心眼儿，"听话听音，击鼓听声"，要领悟老板原话的含义。比如，老板当着你的面痛骂××，其实这是一个障眼法，目的是让旁听的人产生错觉，你感觉××在老板说的这件事情上做得中规中矩，为××躺着中枪感到委屈，错，他这样说只不过是要声东击西，与老板对谈话对象的好恶完全无关。

我曾经遇到过老板前后根本矛盾的"无间道语录"事件。一日，老板和我去技术部检查工作，一进门，该部门主管马上迎了上来，主动介绍近期开发的几款新产品的进展情况，老板边嗯嗯边扫视周遭。突然，他直奔主题地询问技术部主管：“××今天没来上班吗？这个人来了你跟他说，不想做趁早回家好啦。”主管想辩解却被老板挥手打断。

从技术部出来，正好碰到××手里攥着小笼包子快步进来，我示意××稍停一下，当着老板的面想给××打个预防针。谁知老板一反常态、和颜悦色地和××拉起家常来，倒把我弄得很不自然。

对老板的跟随者而言，时不时地变脸，只能让下面的管理者在办事时察言观色甚至阳奉阴违，也难怪，职场中人保护自己不受硬伤才是硬道理。毕竟，公司对打工一族而言，无非是职业生涯中的一个驿站，绝大多数员工都无法在公司“成正果”（我说的正果不是试用期满后转正，而是在一家公司长期做下去的意思）。

老板的假糊涂与真胡言还表现在某些事情上故意“弱智”，这时，不明就里的管理者以为老板真的是在不耻下问。错！老板的假糊涂有时比真胡言更有隐藏性和迷惑性。

研发是公司的生命线，老板有事没事总喜欢往研发部钻，还美其名曰加快研发的创新步伐。于是，研发部的技术员每天都像绷紧发条的齿轮，高强度地运转，目的是为了让老板看到工作量饱和的效果。老板问问这个、摸摸那个，好多时候是明知故问，而且他的提问也比较“小儿科”。老板的心理战引起了两位新来的技术员的“共鸣”，小方和小秦初来乍到不知老板的处事风格，以为老板时不时地“下访”也是企业文化的一部分。直到有一天，两位新人经过总经理办公室门口向里张望时，看到了老板所谓“一知半解”的另一面。老板正在和研发总监探讨国内同行业最新一款的样机造型和功能，而且谈论的话题都是他们初出茅庐之辈闻所未闻的行业术语。更让他们摸不清路数的是他们的领导——研发总监，既是工作狂又是闷葫芦。

在这样喜欢工作而又寡言少语的领导面前，不上紧发条干活才怪，两位新人私底下很佩服老板的用人观。

员工早勤须思量

早起的鸟儿有虫吃，然而，早勤的员工不见得都是“正能量”的使者，早勤不与工效成正比。企业主如果想用员工早勤的办法在产能上以勤补欠，实在是一厢情愿的事情。因为早勤背后隐藏着工伤等风险，管理者需要用辩证的眼光看待早勤。企业主如果真正从内部挖潜，就必须充分利用好8小时的工作时间。因早勤而使员工劳逸失当，无疑是不可取的变相浪费之举。

在民营企业，大多数老板对员工早勤普遍持肯定态度，老板把员工是否早勤作为衡量他们爱岗敬业的不二准则。

其实，从公司层面考虑，我认为，对员工早勤需思量，早勤好比是一把双刃剑，员工早勤体现了做事勤快、有归属感的正能量，然而，早勤也潜藏着不容忽视的危机。

我曾在机械制造行业从事过人力资源管理工作，机械制造型企业不同于流水线群体合作，因工序需要，大多数是各自为战的独立操作岗位，人员分布相对分散。机械制造型企业较之流水线装配企业而言，在用工性别上也有明显的区别，流水线装配企业以女性居多，因为流水线组装的产品轻盈灵巧，适合心细手巧的女孩子操作。机械制造型企业则不同，它以承载传动装置的机械为工位，工作环境和强度远远大于以流水线近距离工艺对接的工作。在人员管理方面，机械制造型企业的员工因所从事的岗位的特定性，工作情绪波动较大，对管理者而言，对机械行业的员工管理遇到的困难更多且付出的精力也更多。机械制造型企业发生各类状况的概率远高于流水线“集群协作”的企业。

数控车间新员工丁某，上班一星期，几乎天天都走在本车间员工的前列。制度规定早上7：30上班，而丁某6：30就进车间大门了（公司规定生产区域凡上锁的大门，早上6：30必须打开），车间主管在开早会时还当着全体车间员工的面表扬了丁某一番。可后来的事情很有戏剧性，这也让对丁某不吝溢美之词的车间主管始料不及。

丁某上班第八天，数控车间统计员在清点铁箱内的产品数量时，发现完工后的产品数量比箱卡上记录数量少了十几个，连检三遍都是如此，而且毗邻的几箱产品也有类似的情况。统计员判断产品箱被人动过了，遂在第一时间向主管汇报。主管想，这几天也没有招新员工，上班的都是“埋头拉车”、相互干活较劲的老员工，要说有问题，就只有一星期前刚入职的丁某了，而丁某也是一脸的老实相，而且干活比别人更卖力，应该不可能是他。

刚开始，主管也没有想到要去人力资源部调看监控录像，毕竟，在自己管辖的车间发生偷鸡摸狗的事情，他脸面上也挂不住。但事发当天，主管对侦破此案束手无策，事情毫无进展，主管只好自揭家丑向上汇报。公司常务副总闻讯后，一边安排人手现场调查线索，一边调出事发前后两天的车间监控查看。终于，监控锁定了嫌疑目标，那个被车间主管当作“范本”宣传的早勤员工丁某，与此同时，在现场调查的工友也传来“捷报”，在公司北围墙外面捡到了一袋铜制件，经对比，确认是车间失踪的产品。

当天下班前10分钟，我通知数控车间主管让丁某到会议室接受谈话，刚见面，丁某就故作镇定地问什么事情。我直接对他说：“你做了什么事情自己应该很清楚吧？公司如果报警，你也不好受，只是有必要提醒你，在下一家公司，你不要再动这样有损自己人格的念头了。”丁某低着头，好像是在忏悔，随后问：“我可以走了吗？”

……

早勤出状况并非是个案，不久，五金车间也发生了一起因为员工早勤的工伤事故。新员工小阮因年轻好动，经常是碰碰这儿摸摸那儿，这个没有工作经验的大男孩似乎对眼前形态不一的铁家伙特别感兴趣，工休时间也时常捣鼓一番。别人劝他：“师傅没安排你操作的机器不要随便试。”可他一副满不在乎的样子，还美其名曰：“多学点技术对工作有帮助。”小阮也是一个早勤的主儿，最终把自己右手的食指、中指卷进正在传动的皮带里，虽然及时就诊保住了关节功能，但也让他痛苦了好一阵儿。

先后发生了两起因员工早勤引发的“安全”事件，在一次安全生产例行会议上，大家对员工早勤各抒己见，经过一番讨论后，公司对员工早勤现象做了机制上的调整，即早上车间开门从6：30推迟到上班铃响前半个小时。这样，员工在一个时间段内相对集中，彼此监督，规避了不必要的风险。

早勤是部分老板引以为傲的话题，殊不知，在早勤这张“画皮”的背后，诸如水、电能源看得见和看不见的无形浪费在“细水长流”中变得触目惊心。而这份细账，有的老板是不想看也不想算的。

员工宿舍员工管

安居才能乐业，把员工宿舍打造成“快乐大本营”是公司的终极目标之一。

公司里除了框架性的刚性制度外，一些无关大局的规定、规则、规范不妨变通一下，让员工亲自参与管理事务有可能迸发出意想不到的正能量。在员工自治方面，我有过一次成功的尝试经验，即在宿舍管理方面放手让住宿员工自我管理。实践证明，员工一旦投入其中，他们的主人翁意识是管理者始料不及的。

公司设置宿舍的初衷，除了为单身打工者提供歇息的场所外，还为了让员工安心地工作，安居才能乐业。员工也把公司有没有宿舍作为是否留下来的基准，员工都是现实主义者，他们不需要空洞的说教和虚无的承诺，看得见并且享受得到的才最重要。

在具体实施员工宿舍管理制度的过程中，我规定了员工住宿的先决条件，即新员工最快在出勤满三天后安排宿舍，这是一条以书面形式规定的显规则。事实证明，这个规定很重要。

公司技术部现场的技术员严重紧缺，其中，大车床岗位还需要补招两名熟练工。大车床熟练工可是香饽饽，好多有类似机器的公司都抢着招人，招聘广告悬挂已半月有余，可还没有合适的大车床工人选。一边是技术部金属切削的大车床工不到位，影响了产品工艺流转的进度，一边是人力资源部到处撒网却“颗粒无收”。

有一段时间，我有意躲着技术部部长，真的是害怕他咄咄逼人的眼神，他也是没办法，产品工艺流转的进度一旦失控，就无法按时完成订单。有一天，终于盼来了一个带着行李来应聘大车床工的人，按招聘技术人员的内部细则规定，应聘者需要先去现场操作机器。测试合格后，技术部部长老吴就让对方马上上班，估计应聘者可能真的是“走投无路”了，当即表示可以上班。

于是，老吴立即与我沟通，向我要求当天就给应聘者安排住宿，因为大车床工的“空窗期”够长了，如果不把眼前这位现成的应聘者留住，会无形中增加技术部的工作压力，权衡再三，我决定为技术部破一回例。我在第一时间就让应聘者带着行李住进两人间的员工宿舍，为方便这位应聘者进出，特意给他配备了房间钥匙。

第二天上班，与大车床应聘者同寝室的员工小汪向我反映，新来的大车床工昨天晚上就不辞而别了，并且趁他洗澡之际把他的手机拿走了。这样的无良之徒我还是第一次碰到。我在第一时间把情况通报给技术部部长，并告诉他这个工种我们会全力以赴招人的……

自此以后，我再也没有变通过宿舍住宿的规则，于是，接下去的工作是授权放手，让宿舍员工自我管理。

我把车间里面的6S管理延伸到了宿舍区域，专门召开全体住宿员工动员大会，使大家自觉认可对非生产区的6S管理。统一思想后，紧接着以宿舍为单位排班轮值，每周开展一次创先评优活动，对整理、整顿、清扫、清洁、安全、素养开展行之有效的寝室授予6S管理优胜团队的流动锦旗，并在宿舍走廊的公示栏上备注，以月度为评比周期进行奖优惩差。通过循环的“比、学、赶、帮、超”，宿舍区域公共走廊几乎一尘不染，寝室内也窗明几净。

我最担心那种热闹一阵子后无声无息的情况，通过宿舍员工的自荐、互荐，宿舍区域义务6S督导员的候选人名单确定了，两位住宿满两年的老宿友担起了这份“吹毛求疵”的差使。为方便新当选的督导员开展工作，我特意在劳保商店订购了几副6S督导员袖章，以便显示身份，更好地争取其他员工的配合和理解。我对员工宿舍6S活动采取不干预、不松手、不停顿的“三不”策略，做到扶上马再送一程。但对宿舍员工的全员6S活动进行“远程把脉”，使这项“民间”性的活动能够传承下去。在我的坚持下，尽管住宿员工换了一茬又一茬，可6S活动的接力赛却一直在继续。

员工宿舍员工管，在宿舍6S的PDCA循环中，宿舍员工的素养也不断提升。专项活动开展前，宿舍员工随地吐痰和乱丢杂物纸屑的现象比比皆是；专项活动开展后，宿舍员工的不雅行为基本根除，在潜移默化中形成了人人找事做、事事有人做、事事有着落的以目标和结果为导向的自我管理新格局。

企业的各项管理归根到底以结果为最终导向，并且以成果论英雄，而在一些非主流的管理领域，如果管理者能把员工参与公司公共事务的积极性引导好、发挥好、管理好，员工就会在潜意识中把事务当事业，并把事务做大、做强、做全。

自我管理是企业管理中“无为而治”的最高境界！

味同鸡肋的培训

培训是企业的“最大福利”，此话不假，如果面对“最大福利”，员工却并不领情，这就值得我们细究。其实，原因就是企业在培训时没有考虑员工对核心利益的感受，即使人过来参加培训了，心也在外面“放风”。当然，这种“填鸭式”的培训终究是不受员工待见的。

有一次参加培训，我坐在最前面，开场前，来自台湾地区的培训师在正式开讲前向在座的受训者提问：“在企业里，最大的福利是什么?”一连问了三遍，下面都鸦雀无声，有些冷场，我举手，培训师把话筒递给我。“培训是企业最大的福利!”我不假思索地脱口而出。

从企业可持续发展的理念来看，培训确实与生产出货的地位相同，然而，对普通员工来说，这个最大的福利不是人见人爱的。

其实，老板对培训也心存纠结，不培训，感觉缺少什么，一旦培训与生产发生冲突后，老板又认为培训既浪费时间又没有显性成果。这时，培训——这个企业里最大的福利就变成了鸡肋。培训需要投入人力、物力、财力、精力，从某种意义上说，培训是天时、地利、人和等要素的综合，是一项“抱团取暖”的企业希望工程。生产任务多，人力资源部如果还按照常规开展培训，估计会招来总经理的一顿狠批：

"培训能够制造出产品吗?马上让员工回到车间去!"当然,这样的场景也不完全符合企业的实际情况,但对培训持"叶公好龙"式态度的老板也不在少数,培训这个活结有时候被老板人为地打成了死结。

老板的培训情结由来已久,同时也在自我肯定与自我否定之间摇摆。培训是不是企业最大的福利,我没有兴趣探究下去,但有一点可以确定,企业要规范,必须开展培训。培训不分大小,新员工入职时的提示、简易版本的员工行为纪律规范的普及、入职后员工 6S 管理的培训、资料自阅、书面讲解、CD 播放等,都是培训的有效载体。

不开展培训,老板会天天催人力资源部做培训,而培训进入预定轨道后,他又担心耽误生产,负责人力资源培训的培训师不知道怎么做才好。据我了解,朝令夕改、不按常理出牌的老板很多,有的老板对外美其名曰:"培训是最大的福利,培训是企业的第二生产力。"但不是像下棋一样把帅"将死",就是把培训逼入"死胡同"。培训在企业里应是一道应景的四季菜,什么时候需要就端出来亮亮相。

作为培训主讲人,新员工从入职起,就纳入了我的培训日程。我们姑且不去谈论常规性的制度培训,仅企业员工安全的三级培训教育就够我们受的了。安全是公司的保险带,对新员工,无论如何不能省略安全培训。我为投老板所好,每次培训都安排在午休时间,每次培训半小时,连续作战不松懈,一般新员工的三级安全教育(即公司、车间、班组分层次的培训)培训累计要 24 小时,岗位技能操作培训是重中之重。

因为是中午培训,让员工自发参加培训不是一件容易的事情,通知发下去了,培训开始了,但受训者还没有到齐,为了取得培训效果,我只好再等一等，好不容易等到他们来了，时间已经过去大半，我赶紧切入正题。培训没有时间做保证，培训质量被“克扣”的现象也很常见。这种不花钱的培训也常招致非议，即使参加培训的人来了，他们的心也不在培训上，因为培训没有补助，参加培训也是冲着我的脸面，你讲六分，听众能吸收两三分已经是完成任务了。

有一次培训 6S，我问现场的一位新员工：“什么是 6S?”他说：“我原来的公司只有 5S，你们公司为什么多出一个 S 来？这么复杂干吗?”我说：“不干吗，现在就讲 5S 好了，你说说，5S 指的是什么?”刚才还中气十足的他顾左右而言他，竟连三个 S 也说不上来，我敢肯定，他之前的公司的培训流于形式。

培训是不可或缺的，需要老板亲自“经营”。

工作日志来帮忙

人上一百，形形色色，管理者要随时准备应对员工的“突然袭击”，这时，就看你的基本功练得怎么样了，花拳绣腿自然是“不堪一击”。做任何事情，有备方能无患。好记性不如烂笔头，说过的话如过眼烟云，而写过的东西，白纸黑字难以否认。

工作日志，顾名思义就是在工作日记录的与本身职务有关的事情，也可称为备忘录。我从2000年为私企打工起，这个习惯一直坚持到今，从未中断。同时，因为有真实事件的记录，有对人或事有不确定和回忆不起来的情况时，工作日志能够帮助我。

不妨摘录其中的几个片段。以飨读者。

10月24日上午9：00，公司6S检查评比人员进行现场检查，仓库综合得分第一，优胜部门派代表在办公楼一楼会议室领取“6S优胜团队”的锦旗，拍照合影存档。

中午，安排新员工在办公楼一楼进行现场6S VCD观阅培训，时间为30分钟。

下午13：00，会同成品车间主管前去探望请病假的员工。

下午14：30，镇安监所所长联系落实企业安全标准化创建事务。

下午下班前把经过整理的6S整改通知单分发到各参评团队。

12月29日上午10：00，上级工会来人，安排和谐企业评比的预验收事项。

下午14：00，公司组织开展全员消防演习，按照演习预案：

第一部分为疏散演习。消防报警铃声响时，各车间部门人员按照预案要求快速撤离现场，安全疏散到一楼东广场，疏散完毕后由各疏散小组领队清点人数，无误后即时汇报演习总指挥。

第二部分，灭火器现场操作演练。现场火焰已燃起，首先，安排新老员工代表各5名轮流实战操作，其余员工观摩，员工代表操作结束后随机安排现场人员轮演。14：50，所有演习科目全部完成，基本达到了消防演习预案规定的整体要求。

3月22日上午8：00，去市人力资源交易中心设摊招聘，半天。

下午15：00，安排新招聘过来的大车床工面试。

下午16：00，通知各车间部门主管在办公楼二楼会议室参加绩效考核方案征求意见稿的讨论。

……

工作日志内容看起来似乎“各自为战”，一般是自成章节，但意思明显，优点是检阅方便。工作日志在几个关键事件的印证中起到了“无可置疑”的作用，书面记录固定事件，既简单又务实。

普工小向原是装配车间的员工，因为个人原因辞职回湖南老家，离开前，委托同乡小陈代领工资。在办离职手续时，我让他写好工资代领委托证明，也让小陈在委托证明上签字，为安全起见，我还让两人在我当日的工作日志上写了一份与委托证明一模一样内容的证明。工资发放日，小陈如约办理了代领的手续，把属于小向的2360元工资领走。两个月后，小陈也因个人原因提前一个月书面申请离职，离职时按规定一次性结清工资。半年后的一天，委托小陈代领工资的小向到公司领工资，财务部经办人员一头雾水："你的工资不是让你的老乡代领了吗？怎么还会有工资呢？"

小向却不依不饶："我没有收到他给我代领的工资。""你写了委托代领工资证明了。"口说无凭，双方你一言我一语的更加说不清楚了，于是，财务部人员赶紧翻留底，把保险柜翻了个底朝天也不见那张委托证明的踪影。

鉴于小向平时在公司的表现，我将他故意讹诈的可能性基本排除，问题可能出在小陈身上。眼下，最要紧的是找到那张巴掌大的委托证明，否则，这件事就是磨破嘴皮，也于事无补。正当双方各执一词相持不下时，我想到他们在我的工作日志上还留有"印痕"，于是把某年某月某日的日志本打开查阅，白纸黑字的书面记录映入眼帘，事情的结果便不言而喻了。

新员工小张入职近10天，车间主管反映：小张上班时间精神萎靡不振，间或打瞌睡，有消极怠工倾向，建议早点解除小张的劳动关系，以免影响其他员工的工作情绪。小张的岗位属独立岗位，一人一事的独立手工岗位也有明显弊端，即不像机械化或者流水线操作，小张的岗位工资是按小时计算的，也就是说，只要他人在岗位上，即使效率低下，该给的工资照样是一分也不能少。

我有意识地观察小张的举动，发现车间主管反映的情况客观可信。为搜集小张违规的证据，我用手机分三个工作日拍下了十多张不同时间段小张无精打采的图片。同时，在日志上记好时间、地点和相关说明，以备不时之需。

通过深入了解，我摸清了小张工作日不在状态的原因：晚上通宵上网，导致工作力不从心、精神萎靡、效率极其低下。

弄清真实情况后，在小张入职的第 20 天，我把出勤时间申报给财务部，通知财务在当日下班前结算小张的试用期全部工资。临下班前 20 分钟，我通知车间让小张过来谈话，简单地说明情况后，我把日志记录的违规内容和手机上留存的照片拿给他看，正欲辩解的小张见状便直接去财务部拿工资走人了。

这两个例证说明，工作日志是一项不怕一万只怕万一的工作，一旦万一来袭时，白纸黑字的记录多少能助一臂之力。

优先处理结果

管理者要善于协调和运用公共行政资源，把突发事件止于第一时间和第一现场，优先处理结果是以利益导向为动机和目的，终极目标是到此为止，而不是下不为例。

因为工作需要，我在工作日会不定时的到各车间转转，一是接接地气，更好地与一线员工沟通，了解他们的所想所言，掌握第一手资料；二是为了审视公司制度实施的具体情况，同时，也是为了排查各类隐患、管控人为冲突。

我刚巡转到一楼原材料仓库，就碰到了一个不大不小的事件。仓库主管大唐正与生产部的小斌为物料短缺的事争得面红耳赤，相互指责对方。我听到争吵声后疾步走向现场，先把这哥俩暂时分开并脱离各自的视线，接着让仓库主管大唐先申诉，根据大唐的描述，我基本上摸清了来龙去脉。

上午某个时间段，生产部派了一个配送员到原材料仓库去领料，在大唐的指派下，仓库物料员当着配送员的面按照清单明细配送，最后，按照仓库物料出入管理流程规定，仓库物料员当场让生产部的配送员签字确认。办理了手续后，配送员直接把货放到平板四轮手拉车上后就打道回府了。

到了下午，上午来领料的生产部配送员向原材料仓库反馈，上午领过去的物料少了很多，边说边把写有短缺物料目录的清单递了过去，于是我碰到了刚才不和谐的一幕。

我让大唐坐着说话，好让他说话的口气缓和些，我耐心地倾听，一边还掏出随身携带的工作手册，按照大唐所说的“口供”原原本本地记录。大唐讲完后，我还较真地与他“校对”了一遍，确认无误后，我开始给大唐上思想政治课。首先，我肯定大唐坚持原则是对的……三言两语下来，大唐的口气缓和了许多，我一看大唐反省了，便趁热打铁把话题引到他的处事方式上，说：“大唐，公司各部门包括仓库，都是围绕生产运转的，或者说是为生产部服务的，解决问题并不一定非争论不可，我相信你讲的都是事实，但是，再怎么说你也是公司的中层管理干部，不应该和他嚷嚷。”说到这，大唐不好意思地低头反省。

大唐是自我反省了，小斌那边的“火苗”也需要“消防员”。紧接着，我又做小斌的思想工作，告诉他：“工作是就事论事，不能感情用事，有理不在声高……”看小斌口气也软了，我不失时机地拍了拍他的肩膀，提示他以后做事要冷静思考，不可图一时痛快而轻易地与他人“交火”，导致双方关系紧张。小斌若有所思地点了点头。还好，从面对面互不相让的争执到背靠背分别谈话，总算妥善处理好了这件事。

优先处理结果并不意味着方法方式可以简单粗暴，不讲策略无原则的强制打压。优先处理结果的目的是为了防止事态恶化而采取的应急措施，最终是让事件当事人有自我反省和纠错的勇气。只有使他们发自内心地接受处理结果，才会避免类似的事情再次发生。

某个工作日的下午，在装配车间，员工小康径直来到工友小陈的工位前，莫名其妙地挥手给了小陈两个耳光，周遭的员工看得目瞪口呆，搞不清楚小康对小陈怎么会有如此激烈的动作。车间领导闻讯后在第一时间把打人耳光的小康拉到车间现场办公室问话，也基本了解了突发事件的前因后果。原来，小陈年幼无知，刚买了一部手机，感觉很新鲜，把自己的手机号码告诉同车间的工友们，还要来了几乎全车间的人的手机号码。他只要有“灵感”便群发手机短信，有几个被小陈列为“红名单”的同事更是成了被骚扰的重点对象，就算是子夜时分，小陈也乐此不疲。小陈完全没有顾及同事需要休息，小康自述因为夜半多次被惊醒，在不堪其扰后才忍无可忍地挥掌相向的。同时，小康也表示动手打人耳光不对，表示愿意接受公司制度的处罚。

小陈那边，该事件正在发酵。

被人赏了两个耳光，受到屈辱的小陈马上打电话向厂外的小老乡们求救，不到半小时，工厂大门外就聚集了十多个与小陈年龄差不多的小伙子。下班了，大家打好卡后分头赶路回家，为防再滋生事端，我提前在门卫处守着。小康是最后一个出来打卡的，当他看到门外众多陌生人时，也意识到下午这响亮的两个耳光把小陈惹火了，眼前亏不能吃，小康只好窝在门卫室内与小陈叫来的人隔着伸缩门对峙着。时间在一分一秒地飞逝，那些替小陈出气的小伙子丝毫没有撤退的迹象。

小康终于按捺不住了，我一直守护在小康旁边，也感到再这样等下去确实不是办法。于是，我示意送他回家，我让小康的电动车先行，由我来管控后面蠢蠢欲动的一帮“小鬼”，就这样，我夹在他们双方之间，时缓时疾，十几分钟后，小康终于摆脱了对方的围堵。

优先处理结果，是现场解决问题的不二法门。

纠结的二次年终奖

期望越高失落感越强，作为职场人士，我们不妨把年终奖当成一个“传奇”。在利益分配上，作为资方的公司永远处于绝对强势的地位，就像是一次不对等的拳击比赛，职场人士明知是取胜无望，还要硬着头皮充英雄，结果自然是被对方彻底击败而告终。

时近年关，那天是公司春节放假前的最后一个工作日，人力资源部早在一星期前就通知了各部门的在职人员。下午下班前，老板嘱咐司机小陈今天稍微晚一些回家，快过年了，小陈就等老板说这句话呢。

下班铃响后，办公室人员走出自己的工作室，今天是最后一个工作日，平时难得准时下班，今天总算是正点回家了。行政大楼在最后一个工作日的下午显得格外的静寂，整个大楼只剩下司机小陈一个人了，“留守”中的小陈猜测着老板今年会给他多少红包，马上就要揭晓谜底了，小陈说不出是兴奋还是紧张。他不停地在行政大楼的一楼大厅内走来走去，等着总经理的召见。

小陈来这儿快满一年了，当时过来应聘司机岗位时，老板明确表态：做得好，年终奖金会重点考虑的。小陈回溯自己近一年来的工作，觉得自己任劳任怨、问心无愧，人家迟到早退，他调了个头，早上六点左右起床就送老板儿子去学校，下午下班后，别人早就回家了，可他还要送公司的管理人员集体回家，老板犒劳他的奖金应该不会少吧……

悦耳动听的手机音乐响了起来，小陈赶紧接起电话，没错，是老板的声音，“小陈，现在到我办公室一趟！”小陈应声直奔老板的办公室，推开门走进去后轻轻地把门带上，老板示意小陈在他办公桌对面的客椅上坐下，简单的寒暄后，老板从抽屉里取出一个红包，递到小陈面前：“今年开车辛苦了，明年再接再厉吧！”

小陈起身接过红包，连说谢谢后向老板告辞，走到走廊尽头，小陈打开红包，他把里面的百元钞抖捏成一个扇形，确认有 20 张“毛爷爷”。小陈对这个结果有点失望，他认为，自己近一年来的付出不止这个数。踌躇片刻后，小陈又返回老板的办公室，老板正在专注地玩“开心农场”的游戏。

见小陈进来，老板用迷惑不解的眼光审视着他，说：“小陈，今天没有什么接送任务了，你还是早点回家吧。”岂料，接下来的情景让老板陷入了尴尬的境地。“老板，我还有点事想跟你说，是这样的，当初我进来的时候说好工资连同年终奖不少于这个数。”顿了顿，小陈伸出三个手指头，即不少于3000元。老板坐在宽大的转椅上，面无表情地仰望着天花板，少顷，他打电话给老板娘，让她带2000元现金过来……

小陈的奖金维权，在老板的内心留下了芥蒂。

春节过后，公司根据老板指示，又招了一位专职司机。原先忙得团团转连上洗手间都要快步前进的小陈一下子清闲了，公司接送客户等平时属于小陈的业务也被剥夺了，老板与小陈之间的用车互动明显减少了，小陈似乎在一夜之间变成了公司的在职储备人员。

在工作日，小陈在公司内东转转西逛逛地打发时间，老板时不时地在楼上的窗口处眺望到小陈的身影，老板从此更不待见小陈了。

终于，劳资双方的冲突在小陈一次出车的回程途中彻底点燃……

纠结的二次奖金，听起来有点奇葩，作为职场中人，很难定夺孰是孰非，但是有一点可以肯定，就是年终奖始终是职场人士锲而不舍地追逐的目标。

年终奖不属于工资的组成部分。拖欠工资的新闻报道是时有耳闻，可还没有听说过欠年终奖的。我以为，年终奖是个“香饽饽”，但是这个“香饽饽”其实从诞生之日起就注定了有不确定的变数。老板在与下面的人谈年终奖时，态度往往是模棱两可的，既不把话说死，又不放弃口头承诺，老板的年终奖辞令好比是元宵节灯谜中的谜面，一语双关、话外有话。

因为年终奖而闹别扭的不止小陈一人，装配车间的小卢就因为过年老板没有按惯例给他包红包而耿耿于怀，以至于不辞而别，在春节后再也没看到他的身影。老家在贵州的小卢原先是车间的工艺员，前后算一算也做了快五年了，前几次，老板都会在小卢回家前赏一个“喜气洋洋”的红包。

俗话说：“人熟礼不熟，礼多人不怪。”虽然对小卢而言，每次千把块的红包也算不上是惊喜，但对在异乡打拼的他来说，多少也是心理安慰及老板对自己一年付出的肯定。对习惯于“准点”拿红包的小卢来说，现在空手而返，心理上的落差是件痛苦的事情，以前每每返乡，老爸老妈问起红包之事时，小卢总是给予肯定的回答，而现在，他只能编织一个善意的谎言搪塞父母的“关注”。其实，在每家公司里，因为年终奖而“心掀波澜”的“小卢们”确实不在少数。

我做一个形象的比喻，年终奖好比是挂在拉磨驴子前面的两根胡萝卜，看得见但够不着，志在必得的心理驱使驴子伸长脖子不停地转圈追逐……

拿不到传说中的年终奖，有的人选择了离开；有的人还在继续等待和观望；但更多的人抱着不在年终奖这棵树上死磕的理念，有则喜，没有则淡如水。

年终奖只不过是一项“另类福利”，职场中人何必苛求。

评优“咏叹调”

评比优秀员工，参与第一，结果是谁不重要，重要的是过程是否透明，员工要的就是简单明了的过程。让员工完全做主，评选心目中的好员工，这也是企业民主的进步。

岁末年初，一年一度的优秀员工评比（即先进生产工作者）随之拉开了大幕。

为体现公平、公正、公开，我向公司常务副总提议，本年度优秀员工评比采取海选的方式，除工作不满半年的新员工外，其余的员工都有资格成为优秀员工的候选人。

优秀员工评比规则张榜公布后，立即吸引了员工好奇的目光，大家私底下议论纷纷。有的人说：“这次是真正的民主评比，就看谁的票数多了。”有的人说：“该不会是挂羊头卖狗肉吧，估计优秀员工的名单早就内定了。”也有的人表示：“内定是不可能的，选举还没有开始，谁笑到最后还不知道呢。”总而言之，大家对这次拉网式的普选抱有很大兴趣。

很快就到了评比优秀员工的日子，大家像过节一样打起了十二分精神，因为这次评比的规则与往年完全不同，有机会为自己做主。我与生产部长商量，决定抽出一个小时的工作时间，专门开展车间优秀员工的评比活动。为确保评优秩序和选票统计顺利进行，投票、唱票、计票现场设置在办公楼一楼大会议室，并以大屏幕投影的形式现场实时直播，彻底做到透明、公正，以杜绝实际操作中可能存在的作弊现象。

首先进行的是五金车间的优秀员工评比，该车间多名员工对评比的“三公性”（公开、公正、公平）持质疑态度。为营造和谐的评比氛围，我与其他领导商议后决定在反响和呼声最高的五金车间先举行评比活动，并以此为契机，推进全公司优秀员工评比的普选活动。评比活动分两轮，第一轮是海选，剔除当年工作不满半年的新员工，其余的人都印在了候选人名单上，按照规则，前六名员工进入下一轮评比。

第一轮投票开始，我特意邀请对评比缺乏信任的三名员工集体唱票监督。唱票开始，候选人的票数不断地交替上升，在宽大的投影屏幕上一览无遗，尽管是处在海选阶段，可大家期待结果的心情依然迫切。因为是第一轮评比，很多有参选资格的候选人毛遂自荐。唱票与计票几乎在同一时间完成，紧接着进入第二轮评比，海选得票多少是候选人前后次序排列的依据。

第二轮投票结束后进行唱票，依然是海选时的三名员工唱票，几位名列其中的候选人都全神贯注地盯着大屏幕上不断变化的票数，唱票结束，开始统计最终的结果，不料产生了“双黄蛋”。按照规则，决选阶段出现孪生票时需追加一轮投票，以示公正。

决选开始了，最终候选人几乎屏住了呼吸，除了唱票的三位员工的声音外，其他人都把目光汇聚在屏幕的正上方，虽然大多数人已经不在候选人之列，但是他们的紧张程度并不亚于决选候选人。最后的一票公布后，投影大屏幕的数字定格在 25 票和 23 票，最后是五金车间的陈大同以微弱的优势险胜。全公司的第一场优秀员工评比活动在众目睽睽之下圆满结束。其他部门和车间也在同一个会议室里完成评比的所有程序，全体员工对今年开放式的评比方式和公开、公平、公正的结果表示信服和认可。整个评比环节完全置于“阳光”下，使原本发出不同声音的员工也对此心服口服，一位没有选上优秀员工的资深员工表示：“想不到评比透明度这么高，根本不存在统计作弊的现象。”

由于前期评比规则已经确定，大家认可了评比的“三公性”，亲眼目睹了评比的全过程，原有的质疑和偏见早已烟消云散。有的员工建议，明年的优秀员工评比不要变样，还是通过全方位立体式玻璃缸型的透明评比方式选举他们心目中的优秀员工。

年关将近，公司择日对优秀员工进行集体表彰，9 位通过民主选举产生的优秀员工依次登上主席台，从公司常务副总手里接过大红绸面的优秀员工证书和每人 1800 元的奖金，优秀员工还进行了合影留念。至此，一年一度的优秀员工评比在完成全部“规定动作”后顺利结束。

可是后来，一些与评比优秀员工有关的风言风语不胫而走，部分没有被选上优秀员工的工友开始大肆揭露所谓的“内部消息”，即决选阶段胜出的优秀员工存在贿选行为。既然有员工把情节描述得惟妙惟肖，也不会是空穴来风的小道消息。

我专门和传播所谓“内幕消息”最卖力的五个员工进行封闭式问话，询问传言中的优秀员工通过贿选“上位”后，将所得奖励金平分的消息，尽管通过受调查者的相互印证，所谓的嫌疑人也暗有所指，但是在没有确凿证据的情况下，所有的怀疑和猜测都是对被影射的优秀员工的“亵渎”，是不负责任的表现。我当即表明态度，请他们不要再传播未经核实的所谓“真相”。再完美的布局也有破绽，众说纷纭话评优，过程虽重要，但结果是关键。

日渐式微的年夜饭

管理者要明白，“好不一定是对”的道理。时过境迁，人事更替，计划赶不上变化快，不变是暂时的。现实情景会影响和决定人的心境，以变应变是必要的“游戏规则”。

每当岁末年初，员工翘首期盼的年夜饭成了焦点话题。在酒宴上，大家推杯换盏忆旧话新，其乐融融；在酒宴上，大家痛快淋漓地开怀畅饮。

但年夜饭也不是保留节目，很多企业出于安全返乡等因素的考虑，年夜饭已经逐渐淡出员工的视线，取而代之的是在放假前给辛苦一年的员工发一个红包。这样，企业把原本办年夜饭的经费省下来，作为对员工的“年末奖”，顺带也捎上几样新鲜的水果。公司庆祝过年的方式虽然改变了，但是员工还是得到了实惠，皆大欢喜。

我服务过的一家企业曾经连续办了三届年夜饭，虽然企业自办年夜饭有点兴师动众，且不说每桌年夜饭的配置标准，整个年夜饭就餐的流程安排也是一个劳心劳力的技术活。我首先要在截止日期前统计好办年夜饭那天能留下多少人，由采购联系菜肴配送公司，洽谈相关细节，把每桌的烟、酒、冷盘、荤素菜一一罗列齐全，并且货比三家。

最后，我要动员后勤人员帮忙搬菜，年夜饭虽然采用承包方式，但是为了营造祥和的氛围，还要在车间里挑选若干个青年妇女做厨师帮手，她们一般会同厨师在最后的就餐时间入座。

临走前，总经理会给她们几个辛苦红包，也算是辞旧迎新的彩头。当然，帮忙员工收辛苦红包的事情也只可意会不可言传，不然，车间里面没有点到名的女同胞们会营造舆论，再办年夜饭时就不好找人帮忙了，这也算是公司的一个潜规则。

年夜饭即将开始，员工里三层外三层在“警戒线”处等待，而年夜饭的首席——老板却姗姗来迟。老板在我们的陪同下风尘仆仆地赶来了，一进主餐厅，马上问我餐桌摆设的方案，我汇报道：“餐桌是以车间为单位分布的，车间与车间之间交集配置。”

当听到“首席”桌的饭桌安排在独立的小包厢时，老板提议：“一年就一次年夜饭，大家也图个热闹、高兴，还是移到外面去，你们以为呢?”老板话音刚落，就近的几个管理人员一起动手，移桌、搬凳……老板面朝主餐厅，招呼大家对号入座，紧接着在一只高脚酒杯里加满红酒，站起来面向全体员工深深地鞠躬，并举杯代表公司及其本人向与宴的全体员工敬酒。同时，预祝大家新年快乐，阖家幸福！走完这个程序后，年夜饭才算真正拉开序幕，酒过三巡后，老板和几个心腹按顺时针的顺序敬酒，大家齐刷刷地起立、碰杯……

生产部及人力资源部的主管也轮流出动，酒不在多少，能喝的多喝点，不会喝的以饮料代酒也可以，敬酒者先干为敬，被敬酒者随意。全程下来，敬酒者已不胜酒力，但是大家的心意都到了，一年到头就图这一餐放松心情，这一刻，谁也不用看上级的脸色，甚至把一年来同上级的摩擦和不快也一吐为快！

兄弟部门互相敬酒，以及本桌内喜欢喝酒的员工开始猜拳，喝得面红耳赤才罢休。而禁不住“酒精考验”的醉友们摇摇晃晃地走出聚餐大厅，选择暂时消失……年夜饭快接近尾声时，老板因有事提前离席，老板离席后，年夜饭的高潮也基本告一段落了，那些会喝酒的好手依然在“打扫战场”。

年夜饭连续举办的第三年，就餐时恰好天降大雪，大家边聚餐边赏雪景，倒也别有一番风味。一些路途稍远的本地人吃完年夜饭后抓紧时间打道回府，雪天路不好走，举目远望，已经分不清沟壑和道路，于是，他们小心翼翼地缓速骑行。尽管如此，前方人员仍不时传来滑倒的消息，好在人们已有防备，也不至于出大状况。

这场大雪连续下了两天三夜，雪景美不胜收，却苦了已经预订好车票即将踏上返乡归途的外地员工，雪像棉被般厚实，马路上也鲜有车辆出现。在雪后初晴的第二天，趁着积雪逐渐融化，大家结伴而行，终于搭上了回乡的火车及公路长途汽车。

从那以后，公司出于对员工安全的考虑，也为了不因办年夜饭耽搁外来员工返乡，遂在连续三届年夜饭后停办。

众口难调话伙食

食堂伙食与人力资源招聘被称为企业开门第一难，民以食为天，食堂是员工的第二个厨房，食堂伙食众口难调是不争的事实。办好食堂、改善伙食，需要劳资双方的共同妥协和合作。一方面，食堂的开办必须是“福利性”的；另一方面，员工也不能挑剔过头。

每个企业内部都有几本难念的经，员工食堂的管理是最难念的一本经。食堂作为后勤保障的“大本营”，对稳定员工队伍，减少不必要的一线人员流失有着举足轻重的地位。鉴于此，公司将食堂硬件环境的改善及对盘中餐的“色、香、味”的“打磨”提上了重要的议事日程。

在硬件方面，总经理亲自下令把原来陈旧的食堂餐厅及相关附属设施全部“以旧换新”。公司斥资近十万元，请专业的装修公司策划并改造。在定位布局上，完全按照食品卫生监督管理部门的要求设计，经过改造，宽敞明亮的标准餐厅呈现在众人面前。紧接着，公司后勤又采购了餐桌，“万事俱备，只欠东风”，新餐厅肯定要与新厨艺相匹配。于是，公司特地请来几家餐饮服务公司进行公开的食堂承包招标。最后，来自“天府之国”的王师傅拔得头筹。据介绍，王师傅从事企业餐饮工作近20年，川菜、皖菜、湘菜、浙菜等菜系均有不俗的成绩。恰好公司也以川、皖、湘等地的员工居多，双方一拍即合。

新餐厅开张第一天，大家翘首以盼的菜谱火热出炉了，在配菜间正方体的铝合金容器内盛放着三荤一素的饭菜，打餐者根据个人的口味“点菜”，喜欢辣的员工还可以在配菜窗口自行加点辣椒。俗话说：“新来媳妇三日勤。”刚开始，餐厅承包人王师傅确实秉承着以员工为本、薄利多销的经营理念，后来不知为什么，菜肴越来越差，员工也纷纷往总经理信箱里塞投诉信。看来，众口难调其实也是一个“伪命题”，真正的原因还是出在掌勺者的思想上，掌勺者如果想从中多渔利，势必会损害员工的利益。于是，在一边倒的员工舆论氛围中，厨艺不俗的王师傅黯然离职。

为更好地满足员工的要求，消除侵害员工就餐利益的现象，公司在广泛听取员工代表对伙食改善意见的基础上，决定自营。于是，在与王师傅办好衔接手续后，公司新配置了三名民间草根厨师经营食堂，公司高层把食堂的经营放在与生产订单相同的位置上，决心把员工餐厅做成真正的员工“福利食堂”。不仅不赚员工一元钱，总经理还决定食堂对员工免费，而且下班后，员工在指定的座位上就座后马上可以就餐——公司食堂工作人员已在餐桌上预先摆好了三菜一汤，员工免去了排队等候的时间，从而使全体员工拥有更充足的就餐时间，加大对柴米油盐酱醋采购质量的监督，使员工吃得满意和安心。

公司免费就餐的举措推出后，人力资源部招聘工作也比原来顺利多了，很多新员工是由已在公司上班的老员工推荐过来的，有的新员工表示，有很大一部分原因是冲着免费工作餐的福利来的。食堂免费工作餐，员工是最大的受益者，这使得员工的月度流失率在5%以内。在员工普遍大批量流动的今天，员工流失率控制在5%以内，是一个令人振奋的好消息。

免费的午餐好是好，可任何事情都有弊端。随着免费午餐的推行，人为浪费的不良现象也在不知不觉间严重了。有的员工有了不吃白不吃，厂大家底厚、浪费点没关系的“败家子”思想，饭吃了一半就倒掉的现象屡见不鲜。

好的制度如果缺乏行之有效的制约措施也会成为摆设，导致每天都有浪费。于是，总经理也开始考虑现行食堂福利的合理性和可持续性，对是否继续实行全员免费就餐产生了疑问。总经理决定开一个小型的相关管理者参加的封闭会议，会上我提出：“对普通员工而言，免费的午餐，他们举双手欢迎。如果公司以浪费粮食为由取消，势必会使员工在心理和行动上抵制，有可能导致员工队伍动荡，对公司正常的人力资源管理带来负面影响，后果堪忧。”

同时，就目前食堂“乱象”已显端倪的现状，我提议从对食堂的简易管理流程上入手，即免费工作餐的待遇不变，在不变中需要改变的是，细化员工在餐桌上定位定置的管理。具体是以车间部门为单位，将就餐座位统一编号，由每个车间部门的主管临时担任桌长。桌长必须最后一个离开就餐现场，以便监督和制止浪费米饭的员工。相亲员工一次不听，就劝说两次，员工应该会配合管理者。假以时日，从根本上消除随心所欲浪费粮食的现象。不怕员工难缠，就怕管理者有畏难情绪，不想扮“黑脸”。

两天后，食堂浪费粮食的现象有了大幅度改善。一星期后，餐桌上出现了连片的光盘，20 天后，管理者的就餐监督岗全部撤除。至此，困扰公司领导的“问题餐厅”朝着预定的轨迹平稳地运转着。

掘土变塘与填塘植绿

今天的标准，或许到了明天就成了非标准。很多叫好的事情不一定真好。

公司新厂房落成，南边的后花园近5000平方米的土地空着，光秃秃的一片，确实有碍观瞻。好几拨客人路过这片处女地时都会不由自主地行注目礼，耳闻的多了，老板对这块“原生态”的土地也有了改造一番的意思。

策划从美观和实用入手，大家为此专门举行了头脑风暴会，点点滴滴想法汇拢起来，初步有以下几层意思。

在美观方面，考虑种植常绿植物，比如，香樟、红枫等。在实用方面，大家出的点子很多，有的说建一个网球场，有的说建一个小型公园……更有别具匠心的方案，掘土变塘，建一个大型的养鱼池，放养普通的“水族”小生灵，集观赏垂钓于一体，到年底，还可以把鱼打捞上来作为福利分发给员工。

主管们的思想是统一了，最后的方案由公司常务副总初审后报送董事长核准，董事长也觉得掘土变塘的方案切实可行，可以尝试一下，关于空地变实用的争论也算是告一段落了。

接下来的工作相对顺利多了，三台挖掘机通宵作战，三天后，大鱼塘建成了。鱼塘挖成后的第二天，连续好几天降大雨，看水位不高，公司后勤又动用消防水带，把毗邻的河水抽到水塘里。水位基本达到蓄水养鱼的要求后，老板的小舅子和采购人员在第一时间落实了购买花木和鱼苗的事宜。当数千尾鲫鱼、鲢鱼、草鱼、鲤鱼等鱼投放到鱼塘内时，邻近五金车间的员工都不约而同地张望，鱼苗投放当天的中午休息时间，几乎全公司的员工都聚拢在偌大的鱼塘周围，几个钓鱼爱好者更是喜上眉梢。

鱼塘落成后，公司常务副总和我还特意陪同老板视察了鱼塘，老板看着水波荡漾的鱼塘，若有所思地说：“可以多放养一些草鱼、鲢鱼、鲤鱼等成活率比较高的鱼种，年终可以考虑捕捞，作为员工的福利。”顿了顿，老板提示：“鱼塘内禁止游泳，第一，水深；第二，毕竟是水塘，与外河没有连通，对鱼的活动会有影响。”

一次参加上级工会工作例会，会议开场前，一些同行打趣，说：“你们公司建成鱼塘了吧，以后可以邀请我们到你们公司钓鱼了。”消息传得真快，不知是谁在帮我们公司做免费广告，这也算是企业实体文化的一个组成部分吧，至少也给员工在休息时间增添了一个赏心悦目的“人工景点”。

进入炎热的夏季后，因为气候原因，鱼塘也不与外界连通，有些免疫力差的潜游在水底下的草鱼、鲢鱼、鲤鱼有些缺氧，这些鱼会经常性地跃跳出水面，此起彼落，引得最近一个车间的员工干活都开了小差，挤到车间窗口“观赏”，有几个员工还拿出手机，拍起“鲤鱼跳龙门”的美图来。车间一下子混乱起来，更有甚者，下午下班后，几个会水的员工脱了衣裤跳到鱼塘里抓鱼，而老板此时正好在鱼塘边散步，看到这几个员工奋不顾身徒手抓鱼的样子，苦笑着直摇头，随即一个电话招来后勤负责鱼塘养护的路师傅，交代他赶紧通知下鱼塘的员工上岸，以免发生不测。

老板的担心也不无道理，鱼塘底至岸坝的垂直距离近 2 米，超过平常人的身高，确实有安全隐患。还好，几个浮在鱼塘里面的戆大一见到老板，都自动游向岸边。上岸后，路师傅嗔怪下水者不知危险，提醒他们下不为例。这件事后，下河捕鱼行为基本收敛了，但随之而来的是部分员工带着鱼竿上班，夏季午休时间长，中午就有人戴着太阳镜窝在树荫下垂钓，有此爱好者也加入了垂钓的行列。垂钓毕竟不同于拉网式捕鱼，于是，看管鱼塘的路师傅只能劝离，碰到不听话的人，也只能睁只眼闭只眼了。

随着垂钓人数与日俱增，正常的生产秩序也受到不同程度的影响，生产部长赶紧把所见、所闻、所想写成书面意见直接上报常务副总，经过干预和紧急动员，鱼塘里的鱼竿一度销声匿迹。可是在公司统一放假的日子里，这批铁杆钓迷们还是成群结队前来垂钓，更让人啼笑皆非的是，竟然有两个员工跑到我的办公室询问鱼塘可否让他们承包。

终于，鱼塘的鱼在岁末年初被公司出资请过来的专业捕捞队一网打尽。然后，按车间分发，员工也享了一下“鱼福”。

没多久，大型工程车装载着泥巴把鱼塘填平了，半个月后，鱼塘上面出现了一大片绿色植物。

扫地阿姨是个“宝”

管理者要更加“尊重”不起眼的小人物，要有设身处地的换位心境。有时候，使管理者阴沟里翻船的背后黑手不是你的正面强敌，而是作梗的小人物。所以，和对你当面毕恭毕敬的小人物要保持足够的安全距离和清醒的头脑，不然，到时候你连自己是怎么“出局”的都不知道。

扫地阿姨是本地人，姓曾，我们直接称她为阿姨，这样叫起来顺口，曾阿姨听了心里也舒服。扫地阿姨说话、做事干脆利落，有点“女汉子”的味道，据说，她原来做过家政，现在这份工作对她来说也算专业对口。

阿姨每天都提前半小时来上班，我刚来公司的时候还不明就里，以为她是在“预热”，后来才知道真相，怪不得阿姨每天风雨无阻地“赶早潮”，原来另有玄机。她提前半小时上班按加班计算，全公司就她一人每天都有加班工资，这个小灶待遇，公司不少人都是心知肚明的，但是本地家庭妇女想做阿姨的寥寥无几，公司上下也就阿姨一个人在全公司内场打扫卫生。阿姨受优待的另一个原因是，她的工作范围也包括洗手间，这也是一般本地女性不想应聘的内因之一。

阿姨打扫卫生有她自己的理念。先从总经理室开始，桌椅、茶几、沙发、玻璃橱柜，包括上下两个对称面（上指天花板，下至地面）等均在清扫之列。接着是公共办公区域的卫生，应该是比较轻松的，打扫时也可适当地“偷工减料”。阿姨年纪也是五十出头了，是公司劳务聘请人员，她在公共办公区域工作时，经常给我们讲些家长里短及村邻之间的逸闻，虽然她说得津津有味，但好多同仁都听而不闻。

每当阿姨从总经理室出来后，总会逮住一个人说话，不管对方想不想听，她总要唠叨一下“热热身”。这么爱说话的人应该也会爱开玩笑吧？不！阿姨个性像“女汉子”，脾气也有点躁，如果她不愿意跟你开玩笑，就会在瞬间和你翻脸，知晓她底细的人是不会闯进她的“心灵禁区”的。

有一次，阿姨不经意间与一个戆大扛上了，彼此纠结得不可开交。

那天，阿姨“清场”告一段落后，闲得闷得慌就到门卫室去和坐班的保安大哥聊天，聊着聊着，进来公司出名的戆大（意即爱犯浑的刺头），戆大亦是个话痨子，便不知深浅地与阿姨套近乎。不知道是戆大的哪句话刺痛了对方的神经，阿姨当场就拉长了脸，“你扮个驴脸给谁瞧!”戆大也当即变了脸，于是“两把刷子”就这样交集上了。到最后，两人从口角争斗发展到肢体冲突，戆大就是戆大，连好男不与女斗的古训都抛弃了，一个大男人竟然对女人动粗，保安拉也拉不住，架也劝不开。“女汉子”毕竟不是男汉子的对手，阿姨这次付出的代价是眼眶擦破了皮，缝了两针。

事发后，阿姨不服公司的调解方案，直接把戆大告到当地派出所，派出所对曾阿姨“被暴力”的事件非常重视，立即立案，并在第一时间赶到公司取证，最后以戆大赔偿和口头道歉而告终。这一仗，实际上是曾阿姨胜出了，从此，阿姨打出了名头。在有些人眼里，阿姨好像变成了仙人掌，对她也敬而远之，唯恐一不小心摊上事儿。

“女汉子”其实也有点戆，不然怎么会出这样的奇葩事。总经理后来也提示她：“天地这么大，能够在工厂这么小的空间里相遇，大家也算是有缘人了。把心胸放开阔些，与人为善、和谐共处才是正道……”阿姨入职以来第一次听到总经理这么“数落”她，但细细想来也不无道理。

阿姨家里条件并不好，她的小女儿前不久考上了国字头的医科大学，可好事也喜中有忧，本科四年，一揽子学杂费可不是小数目。自打她小女儿的录取通知书到达后，阿姨上班时也显得心事重重，原来爱唠唠叨叨的她一下子变得消沉了。她的心事也瞒不过大伙儿的眼睛，有好事的热心人把这个“外部消息”反馈到了总经理室。总经理把分管员工关系的我叫过去，商讨上面工会那边有没有困难学子上高校就学帮扶之类的资助，恰好谈话这天下午有工会领导摸底走访在职困难职工子女就学情况，上级工会领导了解详细情况后，认为这个学子完全符合工会专项帮扶条件，遂让公司工会通知上高校就学困难的学子本人过来见面，以便掌握第一手资料，确定是否资助。

当阿姨听说有受资助机会时，一个劲地感谢公司总经理和我们的关照，并打电话让小女儿赶紧过来与上级工会领导见面。通过面谈和进一步了解，工会领导当场确定阿姨的小女儿为工会就学资助对象，这个资助的公益活动名称是“文意助学”寒窗基金，援助金额为每年 5000 元，困难学子本科四年可累计受助 20000 元。这对一个家庭条件并不宽裕的家庭来说，无异于雪中送炭。

当第一笔资助款如期打入银行卡时，阿姨感动得热泪盈眶。打这以后，扫地阿姨风风火火、大大咧咧的“女汉子”个性收敛了不少，待人接物也不那么激进了，说话的口吻也比原来温和多了，同事也更加乐于和她沟通了。扫地阿姨庆幸自己遇到了这么好的助学项目，上班甭提多有劲了！

扫地阿姨是个“宝”！当然，此“宝”非彼“宝”也。

见光死的婚外同事恋

在职场拈花惹草总是见不得光的事，往小处说，男女同事关系暧昧，容易使工作分神、效能低下；从大处说，当事人每天见面像演戏似的，双方提心吊胆，既不合社会道德规范，也对双方家庭危害极大，终会有东窗事发的一天。到时候，可不是“见好就收”那么简单了，身败名裂后，夫妻反目也就在所难免了。

林子大了，真是什么鸟儿都有。有的人心术不正，生出了“花花肠子”，把职场当情场，恣意妄为。最后，自取其辱、名节不保，直至“自我引爆”黯然出局，成为员工茶余饭后的话柄。

职场有一个著名的刺猬法则，即相互接触时都小心翼翼地保持适当的距离，以免过于亲近反而造成伤害。那些自诩为有生活情趣的自我放逐者，最终会掉进自己为自己挖下的那个坑。

公司是一家劳动密集型企业，员工来自四面八方，有员工戏称是民族工厂。对企业而言，盈利是硬道理，员工是哪个省份的不重要；作为员工，认真做事并获得回报是最重要的事情。然而，有的员工放着自己的小家不顾，却喜欢做些“节外生枝”的风情事……

工程部主管老张，虽然已早过不惑之年，儿子也 20 多岁了，可他内心的那个“情”结似乎还没有解开，总喜欢弄出些花边新闻。早在半年前，他就与打磨车间的已为人妇的现场检验员小冯“暗度陈仓”。因为老张前期埋伏工作做得到位，一切似乎都很顺利，但是天下没有不透风的墙，老张和小冯一次在私密的工作场所幽会时正好被前来沟通工作的品质主管遇到。品质主管和老张素有过节，见此情景，便心照不宣地借机关门离开。中午工作餐过后，老张一改平时对品质主管爱答不理的态度，专门买了包中华烟塞给品质主管，老张如此委曲求全地与品质主管套近乎，用意不言而喻。

但是人总有说漏嘴的时候，品质主管对老张还算给面子，几个月下来，这层忘年婚外恋的窗户纸倒是守护得严严实实的。老张想，只要品质主管不把这件事情捅出去，天知地知加上他们三个，就永远不会有事情发生了，而他也可以继续坐享“齐人之福”。

老张把宝继续押在品质主管身上，每到饭后的休息时间，老张总是有事没事找品质主管套近乎，弄得对方很不自在。然而，品质主管在情急之中泄露了老张和小冯的“风情”，消息不胫而走，顿时传得沸沸扬扬，之后的版本传得有些离谱了，说什么话的都有。平时受老张打压的工程部下属对此幸灾乐祸，花边消息最终传进了老张的妻子翠翠的耳朵里。翠翠当初也不相信，但这种敏感的事情听多了，也不得不让她有了戒心。面对甚嚣尘上的“舆论”，翠翠也相信了，但翠翠很有成府，在公司里不跟老张吵，碰见小冯也当没事儿一样擦肩而过，只是与小冯之间的互动没有了。

老张很纳闷，心里暗骂那个“不上路”的品质主管，不是他宣扬出去，谁会知道这些事。老张吃定是品质主管出卖了他，但也不好质问对方，毕竟这件“好事”已传得沸沸扬扬了，在这个风口浪尖上，如果自己再跟品质主管闹翻，更会让他颜面尽失。尽管老张折腾出了一个堪比“飞天工程”的花边新闻，但老张在公司十几年了，平时受过他帮助的铁哥们还是有几个的。在此事件中，这些昔日的“同盟军”成了他最忠实的“义务消防员”，一逮到机会就为老张“辟谣”。

最让老张想不通的是，品质主管到底是在什么场合、什么时间透露出去的？于是，老张在一次与几个铁哥们相聚时说出了内心的想法，几个哥们也算仗义，拍着胸脯向老张表示：“张哥，我们和你永远是一条船上的，你的事就是我们的事！”其中，有一个人和品质主管走得比较近，他自告奋勇去探个究竟。

经过一番看似旁敲侧击的迂回互动，品质主管道出了实情，就在“满城风雨”前的一天下午，打磨车间的主管大潘对品质主管来了个突然袭击：“你×月×日下午在×室里跟我们车间的小冯搞什么名堂啦?”当初，大潘确实看到品质主管及老张和小冯先后走出那个“嫌疑场所”，对老张与小冯之间的暧昧行为也时有听闻，每当小冯与老张当着他的面旁若无人般地打情骂俏时，他心里也不是滋味。说实话，大潘对小冯也“心仪”已久，大潘好几次献殷勤都被小冯打了“退票”。大潘这么一问，原本胆小怕事、口风不紧的品质主管以为对方掌握了“内情”，遂为避嫌，情急中捅破了这层窗户纸。

大潘本来就对老张怀有成见，这次探得这个惊人的秘密，自然到处传扬，先前百思不得其解的老张终于明白了谁是幕后推手了。

两个月后，备受周遭“注目礼”煎熬的老张夫妇自动提出辞职，不久，同样不堪其扰的小冯也选择了离开。

【第五章】

工作感悟篇

和公司谈一场恋爱

同是职场 HR，有的人做得风生水起，有的人一路磕磕碰碰。很多时候，不是 HR 能力不济，而是在低头拉车时没有及时看天，等下雨了再去打伞，慢了半拍而受制于“天”。人贵有自知之明，踩刹车的学问远比加油门深奥得多。

公司是人与人、组织与组织之间的集合体，一个成熟的 HR 自入职伊始在同一单位的职业生涯一般不会超过 5 年，即使是比较会“看着办”的 HR 达人，在同一单位的职业生涯也不会超过 6 年。

职场和商场一样，同样是危机四伏的场所。作为处在组织架构最顶层的 HR，职业的属性决定他们在独当多面时必须树立如履薄冰的忧患意识。业内人士称：“HR 是公司的风向标或领航的灯塔。”HR 是集群仰望、观察、研判及评论的焦点人物，对 HR 而言，很多事情并不是一朝令在手，便把权来行，而是事事要在潜规则和显规则之间抉择。公司的规定、规则，凡从属于制度系统的条文对 HR 来说，是一块遮风挡雨的靠山石，但 HR 劳心劳力，最后在审时度势后选择“自我救赎”。

相对于婚姻而言，HR 难逃 6 年之痒，我根据自身经历，概括了以下 HR 之职业周期起、承、转、合的四个环节，权且称作是和公司谈一场恋爱的经历。

蜜月期：无论 HR 高调与否，都是公司里无可置疑的公众人物，就像一架新采购的机器，华丽的包装加上醒目的标志，让人赏心悦目，简直是完美无缺。这时期，最长是6个月左右，因为按照现行的新版《劳动合同法》规定，员工试用期最长不能超过6个月，这根用工试用期红线，绝大多数老板是不会轻易超越的。

HR 初来乍到，没有任何背景，要想在蜜月期甜度不减，就必须有一套自创的组合拳。当然，这套组合拳并不一定是“三把火”，也可以是在公司已有的“规定动作”的基础上“自选动作”，做成目前体系内想做的事项。这时，作为蜜月期红人的 HR，大可扮演“远来和尚好念经”的角色，行快刀斩乱麻之手段，一步到位。

保鲜期：劳资双方还没有产生审美疲劳，老板静观其变，HR 也若有所思，关系稍微有点微妙。怀才者好像怀孕一样，没有五六个月是看不出个所以然来的，这一点资方也是心知肚明的。这是一个承前启后的黄金时期，HR 通过前阵子的有效起跑，已经找到了在路上摆臂收腹跃跃欲试的感觉，这一时期，应该是左顾右盼的小跑，HR 此时对实力还是会有所保留的，因为已前瞻到前方既有持续不断的目标，又有沟沟坎坎在等着他。HR 尽量以低头看路的姿态适速行进，以规避前方障碍的羁绊，因为任何时候，保护好自己都是第一位的。

这时，老板对 HR 的关注已从蜜月期的远看调整为近距离的观察，一些细节会被他收入眼帘。比如，HR 的决断性（工作风格），对制度执行的力度（工作魄力），对周遭人事的反应（应对公共事务的能力）等。作为 HR，你必须记住，任何时候，作为资方的老板都不会替你喝彩叫好，老板身兼观众与裁判的角色，但他不给你最终得分，当然也不会叫停你的表演。我估计保鲜期是6个月左右。

保质期：期限大约为两三年，按照预测，HR此时应该是处于天时、地利、人和，进退自如的状态，但此时职业危机已经初露端倪。通过磨合，基本上做到了知彼知己，也能够重新评估自身的力量和速度，在职业化的道路上开始加速，与前面低头看路不同的是，此时的HR已经具备了抬头看天的素质和条件，改变了以往埋头拉车，只知地厚不问天高的做法，眼界变得更加开阔。

与此同时，HR的周遭会不断地暗流涌动，一不小心可能会影响赶路的进程，HR的羽翼全部打开，进入逆风飞扬的关键阶段。这时，激流勇进、见招拆招，进入了施展拳脚、笑傲风云的节点，HR也有了亲近的“执戟兵”。然而，好多事情不是你想不想做的问题，而是必须做对、做好，需要的是成果而不是过程。在此范畴内，HR可以尝试建立自己的小圈子，以免被人为边缘化，这个圈子很重要，就像西天取经路上的孙悟空为保护师父唐僧，用定海神针在师父的周遭画圆圈，使唐僧能够安然无恙。HR随时都会有高处不胜寒的感慨，同时，在此阶段，HR的底牌已经出得差不多了，手中的王牌也寥寥无几了，基本上处于显山露水的境地，管人理事的思路已经程式化了，需要择机蓄势再发。

有效期：属于职场冲刺的缓冲区间，劳资双方完全知根知底，HR也顺其自然，从知味到鸡肋，劳资双方从最初的磨合润滑、融合匹配到彼此逐渐产生审美疲劳直至渐行渐远。作为劳方的HR，这时更要沉得住气、挺直腰板，HR在此非常时期的劳神远大于劳力和劳心。

劳资双方鉴于合同期的考虑，都在静观其变，HR在此状况下不要再有大的改革性动作，一旦项目失控，或者是处于金字塔顶端的资方不按常理出牌，资方在控制公共行政资源的前提下可能祭出“此路不通”的逆袭招数。届时，HR纵然有孙悟空般三头六臂的身手也难逃出如来佛的手掌心。有承上启下作用的HR应该适时规划和筹谋职业生涯，有时，急流勇退远比按兵不动现实和明智。

思路决定出路。和公司谈一场恋爱，需要足够的勇气和智慧，能够顺风顺水地“到站下车”和“到点下课”则是双赢之喜事。

当然，与老东家搞好关系对自己的职业生涯发展无疑大有裨益。

不做职介一身轻

不为情面所困，是HR最基本的看家本领，你如果不想对自己狠一点，那么，迟早会被烦恼所困。行走在职场，没有一点“六亲不认”的耿直精神，是很难有所作为的。

人在职场，犹如身处江湖，左邻右舍请托安排工作的有之，下属职员要求违规调动工作的有之。对此，我一概婉言相拒，向他们告知，你们要去求职我举双手赞成，公司正好在招普工；如果公司内部有公开的人员交流及晋升机会，请你们自行决断，但我不做职业介绍人。作为HR，平素最怕背后被同事和下属议论。

说啥来啥，一个印象中表现还可以的流水线普工孟子找到我，一本正经地向我求助：“岑老师，你帮我调到品管部吧，流水线的工作太单调乏味了……”我静静地听他把话说完，追问他一句：“还有需要补充的吗?”“没有了，我就提这一个要求!”

于是，我把孟子叫到跟前，从面到点把公司当前用工需求的状况给他分析透彻，针对他所提的要求有的放矢地进行了回复：“要调到哪个岗位，不是人力资源部可以确定的。首先要向生产部提出要求，同时，品管部也正好需要增加人员，进出有序才符合人员组织规则。”最后，为安慰有些失落的孟子，我心平气和地告诉他："只要自己平时做出了成绩，就不愁没有调动的机会，但现阶段暂时不行，因为据调研，目前生产部和品管部都没有这方面的人事考虑。"孟子也是明白人，听我把话说到这个份上了，知道不能强人所难，知趣地主动向我告辞，出于礼节，我握了握孟子的手，顺势拍了拍他的肩膀——继续加油！

公司是一个小社会，各色人等混杂其中，作为一个把控人员进出流转的HR，稍有不慎就有可能背上任人唯亲、公器私用的包袱，杜绝在人事安排方面被人为"消费"是HR的操守和底线，而我也一直坚守着内心这块不为他人做职介的"处女地"。

人在职场，同事如友人，而所谓的职介，最大的压力还是来自于同事的推荐。明明这个部门不需要人手了，但推荐的同事却把胸脯拍得很响，再三表示："我推荐的人绝对没有问题，成不成还不是岑老师的一句话？"向我灌输完迷魂汤后见我没反应，便祭起了老板的"令箭"："岑老师，我推荐的那个人老板也看过了，他说没问题，就等你这边走一下程序了。"

我知道他在虚张声势，压根儿没有他说的老板也看过的事情。尽管我对此子虚乌有的事情心知肚明，但碍于是平时相互协作的工作伙伴，我也不好揭穿他的"画皮"，只能顾左右而言他。同事作为分管一线的小领导，自然懂得谈话的潜规则，于是说了句下次再联系的话便匆匆离开。

不做职介一身轻。这是我从事HR工作的切身体会，感触颇多，作为对方当事人，你如果把职介这事做成了，他从心里感谢你。但防人之心不可无，假如对方在你推荐的岗位上反击，把你说得一无是处，岂不自找麻烦？所以，我认为，审时度势与前后左右的同事下属保持适当的距离很有必要，有时候，恰到好处地独善其身远比相互亲密无间地打成一片安全。当然，也不是说同事与同事之间要时刻提防，这种做法也不可取。毕竟，工作联系中还是通情达理的同事占大多数。

不为他人做职介，但也有例外的情况。春节开工后的第三天，我在公司门口设摊招工，因为是刚开工，老员工复工的时间不确定，所以，招聘的新岗位很多。那天，招聘摊位前过来一个和我年龄差不多的女性，我看着有些眼熟，多看了她几眼，对方会心地笑了起来："怎么？老同学不认识了？"她这么一说，我倒是有些丈二和尚摸不着头脑了，记忆中好像没有这个同学吧？但女大十八般，也说不定真的是同学，小学同学到现在也没有印象了，好吧，同学就同学，且看她下文如何。

"你们工厂在招收仓管吗？"我这个连姓名都叫不上来的同学指着悬挂的海报直奔主题地询问道。

"是呀，这个岗位也在招人。"

"我可以应聘仓管员岗位吗？"这个久未谋面，我不知是哪里人氏的女同学一脸真诚地凝视着我，我不置可否，而是与其聊起了仓管员岗位的工作职责及日常任务。

其实，仓管员与物料员性质差不多，不是电脑记账坐班的那种，工作比较辛苦，工资也就两千多元。我特意把真实情况及困难说给她听，其实也有其他意思，就是让她知难而退放弃应聘仓管员岗位。哪知道她信心十足地表示自己吃得了这个苦，也有过一年多的仓管员的经验。我想想她好歹也是上门应聘的，既然她这么有信心，我又何必拒人于千里之外呢？

填表登记完毕后，我问她："明天上班有没有问题?"她说："可以啊。"同时，她也揭晓了自己的谜底："其实我和你是同届的同学，但是不同班。""那也算是半个同学吧。"我顺势接上了话头。好在这个女校友在仓管员岗位上任劳任怨，能独当一面，也让我脸上有光，而她也很低调，自始至终都没有向人揭示她是我小学校友这层不痛不痒的关系。

这么多年来，我有时候也在想，不做职介，是否显得有些不近人情?

紧口慢说与接令缓行

一慢、二看、三通过，是 HR 及相关人士在职场中左右逢源的秘诀。敏于事，慎于言，做到成事不说，遂事不谏，既往不咎。话多无益，很多事，成亦嘴巴，败亦嘴巴。平时一定要把好“嘴门”，讲话不要图一时痛快信口开河，以为人家给你笑脸就是欣赏你，没完没了地把掏心窝的话都说出来，让人家彻底摸清了你的“家底”，还在背后偷着笑你。

在职场行走，好比是时不时地在红、黄、绿色的交通灯之间腾挪闪躲，倘若只顾埋头“拉车”不看“路灯”，就会在不经意间犯规，不消说，扣分的烦心事也会伴随而来。

对行人、车辆而言，需要经过一慢、二看、三通过的流程通过路口。职场也同此理，有时候一味地勇往直前猛打猛冲并非正确，且不说职场潜规则的水到底有多深，仅就显规则来说，当事人的“积极”行动的结果可能不是公司需要的，有时适当的“消极”也不一定是不负责任的表现。职场好像是一个百草荟萃的生态园，根据节令的变化，此消彼长、相生相克亦是自然规律。

不失时机地因势而为、顺应时势并妥善自处，是职场中人尤其是初入职场人士的不二法门和护身符。

我在 HR 的岗位上历经风雨，尽阅各色人等，归纳出以下待人接物的准则，读者尽可一笑置之。

职场说白了也是一个“近朱者赤，近墨者黑”的大染缸，就看你如何染色和站队了。但有一点不可否认，做任何事情小心没大错，谨言慎行远比直言不讳好。我有发自肺腑的感悟，实践证明，紧口慢说是职场人士明哲保身的简单法则，这是一个非智力因素的行为方式，人人都可仿可行，没有技术含量，就看你的定力怎么样。

紧口慢说可有效规避职场三色灯的禁忌，对应用者而言，与周围同事互动时，不妨先弓下身当学生，让自己的耳朵变得大一点，嘴巴变得小一点。人有两个耳朵，也不只是出于对称、美观的考虑，它也是提示人类遇事不要三分急，听听对方怎么说。说话的效果不在于速度的快慢，而在于双向反馈的成果，三言两语能达成共识就无需喋喋不休，话说得少才有人愿意静下心来听，遇事不信口开河、随便表态才能赢得更多的同盟军和为你喝彩的啦啦队。

紧口表现在不误判形势，不发错误信号，那些图一时口舌之快而夸夸其谈之辈不能放置在管理岗位上，他们在口舌方面逞能，只会树敌，这样的职场中人很难把本职工作做好。

紧口同时也是考量职场中人心智是否成熟的维度之一，毋庸置疑，作为企业的最高领导人，无论如何也不会赏识一个口无遮拦、一根直肠通到底的管理者。因为那种不分场合、对象、时间及轻重缓急而一吐为快的做法，只能引起他人抵触与反感，与沟通的初衷大相径庭。需要澄清的是，紧口并不是提倡有话不说，把真心话憋在心里不让人家知道，而是该说的话简单说，简单的话明确讲，不要给他人留下模糊不明的错觉。只有做到心口合一的紧口，才能使自己处变不惊，也不会站错队。做到紧口的人，上司对他可心，同事对他放心，下级对他安心，一举三得，作为职场中人，我们何乐而不为呢？

与紧口联袂的是慢说，很难想象，一个说话像机关枪不看目标擅自行动的人，他的周围会好友如云？快人快语体现在人的本质上应该是一种素养和美德，但如果应用在职场则是不折不扣的败笔。这里的慢说，是指有的放矢、恰到好处的说话。所谓的慢，并不是指说话的语速——慢条斯理的风格也不适合企业快节奏的沟通，慢说就是想好了再说，先声夺人的火爆风格对职场中人而言，并不是成功的先决条件。

执行是一门劳心、劳神又劳力的艺术活，如果说紧口慢说是进入职场的“导航仪”，那么，接令缓行则是升级版的“智多星”。我的理解是，缓行是从执行整体层面进行的，有的老板喜欢心血来潮、随意传播未经论证的命令，而命令过后又朝令夕改，弄得下面的员工箭在弦上又只能引而不发，如此几番折腾，老板的令箭会人为地变成“鸡毛”。到时候，就算老板的命令真的是十万火急的“鸡毛信”，下面执行的人也会打折——他们会在背地里看老板暴跳如雷的笑话。

我也曾碰到过一项老板紧急空降的任务，但最后在我策略性地缓行下得到无形的化解。那次事件发生在岁末年初，公司有个工资发放的惯例，即年关放假前，所有一线员工的工资一次性结清，不留尾巴。我认为，这项措施老板定得很开明，能有效避免因员工年后不来、委托他人代领工资而引发的弄虚作假、冒领工资的事情。

事件的经过也不复杂，装配车间的杨扬和李燕是夫妻，进厂时，车间领导曾经向他们表过态，即每天完成产品的数量达到标准产能后，公司另行补贴30元/天的超产奖，并且是白纸黑字写在入职告知单上的。因为是生手，组装产品不那么利索，一个月下来，夫妻俩就连完成基本的定额也困难，更不用指望拿30元/天的超产奖了。第二个月底，公司照例发上个月的工资，夫妻俩一看，好多人都有超产奖，只有他们新来的几个人不在“享受”之列。夫妻俩从贵州大山出来，识字不多，于是，一个是“没头脑”，一个是“不高兴”，以为公司在克扣他们的工资，从固执己见到胡搅蛮缠，折腾了整整一个下午还不肯罢休。

当时已近年关，老板看这阵势，马上给我下命令，让我联系当地的劳动保障所，请他们过来协调，我接令后，马上转身，离开了老板的视线。你知道我干什么去了吗？报案？错！我在一个不引人注目的角落静坐着，就等杨扬夫妻俩心服口服地领走属于自己的那份工资后安静地离开。果然不出我所料，下班前10分钟，杨扬夫妻俩无精打采地来找我，表示接受公司的薪资方案。

紧口慢说与接令缓行说到底是现场发挥的权宜之计，是职场中人规避“职场禁忌”、提升自身的软实力。

看清职场三色灯，风生水起做“达人”。

自己的猴子自己背

相关管理者要抛弃能者多劳的惯性思维。猴子生性顽皮，上了你的肩胛就不会那么容易地再被甩掉。君不见耍猴之人被猴上身后折腾得筋疲力尽而挥鞭相向的场景吗?不消说，职场的猴子同样会让你甩不掉，一旦对猴子了动恻隐之心，你无形中就给自己上了一把精神枷锁。

在日常事务中，常常会碰到这样的场景：下属向上级请示某个问题，说着说着，上级临时起意把下属的问题给“承包”了，并在对方追问下一步程序时，甚至下意识地甩出了帮助完成的时间期限。

而原本属于下属责任范围内的“问题”，经下属有意识地与上级口头沟通后成功地实现了二次转移——“问题请示”在几个回合之后轻易地变成了上级心甘情愿背负的“示范问题”。

一边是员工叫嚷着上级不肯授权，做事缩手缩脚；一边是管理人员感叹职责内外的事情越来越多，手中的工作太多，整个人快成了陀螺和工作机器。似乎管理者与被管理者之间天生存在着不可调和的矛盾。

其实，如果我们透过现象看本质，透过本质查现象，就会发现造成这种状况的责任应归咎于上级大包大揽为下属“背猴子”。所谓的猴子，是一个特定的管理术语的表达。我的理解是，上级与下属或者与有工作关系的其他人在沟通时的所涉及的工作责任或问题。

而猴子从一个肩胛跳跃到另一个肩胛，转移方如释重负，受领方事后苦不堪言。其实，作为受领方，完全可以拒收下属送过来的“猴子”。实际上，在双方谈话过程中，下属把他的猴子搭到对方肩胛上时，上级应该及时甩肩把猴子甩掉。甩离猴子的方法多种多样，苏格拉底问答法或许能为被猴子包围中的上级解围。

外贸部新人小叶对回复中东客户的电子邮件拿不定主意，担心第一次办事会把事情搞砸，便去请示他的主管苗女士。苗女士一向不为下属背猴子，静闻其详后淡定地告诉他：“是不是我对你讲得操作要点没有领悟好？我发给你的中东客户电子邮件回复方案的意思有没有真正理解？你先把我刚才讲得两个问题消化掉，再回头看看这件事情是否完全没有问题了。”

在这里，苗女士讲话比较有策略，使下属的猴子自始至终都没有“勾肩搭背”的机会，苗女士自然也不会毫无来由地替下属去背猴子。其实，背猴子不过是一种形象直观的比喻，下属的猴子搭到上级肩膀上时，下属的责任也开始跳跃，直至成为“甩手掌柜”。

工作中，我也有三次为他人背猴子的经历。

公司因为工作需要，招聘进来一名本地户籍的轴承工艺技术员，名叫小梅，说好工资3000元/月，而且一年内不作调整，这个约定在入职登记表上白字黑字写得明明白白的，而我平常事务性工作多，也没有在意这个约定。半年后，小梅找到我，转弯抹角地提出了加薪的要求，我头脑一热，竟允诺帮他申请加薪，猴子就这样不知不觉地跳上了我的肩胛。过了一个月，小梅见我这边没有动静，便借口和我沟通工作，私下打探他曾经提的加薪的进展情况。我感觉此事有些蹊跷，便把他的人事档案调出来查阅，才注意了之前的约定。但不管怎样，话既已出口就要对小梅的加薪要求负责。小梅的加薪申请是批下来了，但我也因此筋疲力尽。

公司的大多数产品都出口，客户通过第三方会时不时地来验厂，社会责任中验厂是其中的重头戏，而其中的重点当属工资发放记录。平时，工资表编制的工作一直是财务部小伟在做，验厂前三天，我去小伟那里催上一月的验厂工资表的编制情况。

“小伟，你把验厂的工资表编好了吧？”

“还没有，事情一大堆烦都烦死了，岑老师，验厂的工资表还是你去编制一下吧，就算请你帮忙了，好不好？你看我这边真的忙得连上洗手间都要跑步前进了。”小伟一脸无辜的模样，看着小伟瘦弱的身躯和案头上堆积如山的文牍，我动了恻隐之心，二话不说答应了小伟的要求。可是编制验厂工资表这件事情也真够折腾的，一边是验厂的专员就要上门了，一边是验厂的工资表我还在加班加点赶制，因为对财务不是很熟悉，所以动手编制验厂工资表进度特别慢，搭上星期天不算，还赔进去了两个晚上的休息时间，最后总算是把验厂工资表赶在验厂专员到公司前整理完毕。

新员工小龙和小树在工作日的午后跑到我办公室求助：“岑老师，我们公司什么时候发工资呀？我们进厂快 20 天了，从家乡带来的钱也用得差不多了，你帮我们想想办法，借给我们一些生活费吧。否则，我们连下个月的房租都快交不上了！”看他们穷途末路了，我为之心软，我对弱者向来心慈手软，便一口答应帮他们去公司申请“预支款”。事后，我经过研判，公司还没有这个先例，如果开了口子，员工会群起而效之。于是，我替小龙他们向公司申请“预支款”的这个想法也消失了，事后，我借了500元给他们，以解燃眉之急。

当然，后面三个实例，我是出于帮人纾难的角度考虑的，这三只猴子也不是特别难缠。而下面实例里的事情，我又做了不同处理。

流水线车间的员工大丰，在工作时间气喘吁吁地跑到我的办公室，看着眼前有些惊慌失措的大丰，我还以为他有什么事情要向我投诉，于是，上前示意他坐下来慢慢讲，不要紧张。一开口，大丰便表示要急辞工，称家乡的高速公路要经过家门口，眼下房子拆迁需要签约，这几天要马上赶回老家，请求公司特批。瞧瞧大丰心急火燎的模样，我因曾经碰到过类似的弄虚作假的事情，故不动声色地告诉他：“这件事情我做不了主，按照规定需要按提前一个月的程序走，这样吧，你推荐一个老乡来顶你的岗位后再走。生产部那边我可以去做工作。”

最后，大丰一声不吭地低头回到了车间，第二天、第三天……将近一年，大丰的工作都没“挪过窝”。后来听他老乡说：“房子拆迁是没有影的事，之前他想跳槽，后与新单位因为工资的事情没谈拢就没去，像他这样没两把刷子的人还想当流水线线长，真是异想天开。”大丰那个心直口快的老乡在背后狠狠地数落了他一顿。

不为下属和他人背猴子，当事者既需要有换位思考的意识，又要树立自己的猴子自己喂养的自律观念。

活用冲突三技法

冲突无处不在，就看 HR 怎么化解了。冲突管理是 HR 的核心管控环节，能对冲突处理游刃有余的管理者，必定是业内高手，对人力资源的其他板块的应用肯定也得心应手。

冲突无处不在。理论上讲，有人的地方就有冲突，企业作为用工的集散地，无疑也会有冲突。有益的冲突有利于团队保持活力，消除职业疲倦和审美疲劳，对组织建设不无裨益。

但是不可否认，频繁的人际冲突势必会动摇管理的根基，也会使员工人心涣散直至与公司离心离德。对现场管理者而言，突如其来的冲突会给现场管理带来硬伤，同时，冲突消弭后，如何善后也是关键问题。管理者要防止冲突消除后的次生冲突萌芽，以免顾此失彼。

冲突的处置虽然没有想象中的那么难，但也非一蹴而就的易事。冲突作为企业员工关系管理中的一个核心组成部分，在整个公司管理链中起着牵一发而动全身的中枢作用，其所爆发的能量不可小觑。

也许你会说：“冲突管理谁不会?”是的，在企业里，只要是跟钱挂钩的事情，就没有解决不了的。但是，很多时候，公司里的冲突，并不需要用钱来“开路”。其中，盲动型冲突在整体冲突链中占据主导地位。这种目的不明确的个体间的冲突比组织层级内的职能交叉产生的冲突更具有震荡性和破坏性。盲动型冲突是指临时起意带有强烈负面情绪的冲突，比如，前后工序的工友，双方出言不逊、发生肢体冲突；嬉戏打闹时翻脸……

不管怎么说，摆平冲突才是水平！哪怕你拍拍对方肩胛就把事情搞定了也是你的本事。这个道理大家都懂。但事实是当你处在冲突第一现场时，你有没有惊慌失措、无心恋战的感觉？在这样的场合就要亮一亮自己的两把刷子，管理人员的水平在现场处置中高下立判。解决冲突马到成功者，自然会树立威信；僵持不下者，员工会作壁上观，静看事态变幻；不了了之者，员工日后会群起效仿。届时，管理者自身将成为制度执行的瓶颈。

下面，我根据十多年人事管理的经验，与各位同仁分享冲突管理的几个实战技法。

（1）回避

一些无关紧要的冲突，管理者不妨蜻蜓点水般地一笔带过。很多时候，时间是一帖让人回归平静的良方，一些非原则性的、烈度等级不强的“言行交集”会在不经意间自生自灭，无需兴师动众地去解决。诸如生产场所工序转移产生的摩擦，员工下班打卡时偶尔插队，借用生产工具等微冲突，我们可以忽略不计，这些冲突都有它的有效期，有效期过后就会烟消云散。有时候，通过微冲突培养员工自我管理的能力，也是团队建设的一项基本内容。

（2）合作

很多时候，我们总感觉员工越来越难缠，但难缠不能和无理取闹画等号。员工难缠，原因说不定出在管理者身上，如果我们平时对员工的合理的诉求听而不闻、视而不见，日积月累，小毛病变成了慢性病，不把你折腾得够呛才怪！所以，出了问题，第一时间不是去挑员工的毛病，而是扪心自问自己有没有做的不到位的地方，通过自我检视，再辅以情理，相信同食人间烟火的难缠员工也会好自为之的。管理者处理冲突的最高境界当属双方间的“合作”。

我在某制造公司任职时，遇到一个难缠的人。在工作时间，这位“大大”（意为员工王）的三张产品箱卡不翼而飞了，他在工位周围找了个底朝天也没有结果。“大大”一怒之下找到车间主任，一手搭在对方的肩胛上，摆出了不达目的不罢休的架势，主任好言相劝也无济于事，没辙了，只好向人力资源部求助。

我闻讯后迅速赶到冲突现场，首先示意“大大”坐下来，不出三分钟，“大大”激昂的情绪平息了许多，口气也缓和了不少。我知道，冲突中的高潮部分已经过去了，接下来是怎么让他体面地下台阶的问题了。我说：“箱卡是兑换工资的凭证，丢不得，找不到了也要车间出具箱卡遗失证明。遇事不要大动肝火，心平气和也同样能解决问题！”一旁的主任也会意地点头与我互动。

最后，“大大”主动与我握了握手，还说：“麻烦领导真不好意思。”

（3）强制

当冲突的一方或者双方的矛盾达到了不可调和的程度时，也只有祭出制度的招数了，现场冲突呈现白热化趋势时，不允许你施行怀柔手段，于是乎，公司职能部门的第三方以快刀斩乱麻的气概强势介入其中，并且迅速对冲突双方当事人进行肢体隔离，以防事态持续恶化。强制性处理的冲突，一般来说，已经发生剧烈的肢体碰撞了。隔离后要一鼓作气地连续作战，因为调解第三方一松懈，冲突就可能反弹，造成新的次生冲突，使原本难以解决的冲突更加错综复杂。

我接到过一个需要强制性处理的冲突“业务”。对方是一个“上过山”（判过刑）的蛮横之人，也有点“黑色”背景，我当时也没有考虑那么多，就义无反顾地按规定处理。冷不防，对方揪住了我的胸襟，我当即自卫，及时安排同事报警。最终，在派出所的调解下妥善处理，而且，因为派出所的介入，对方对处理方案心服口服，这件事情也没有出现秋后算账之类的后遗症。

妥协、迁就等冲突解决技法也是解决问题的有效办法，管理者可因人制宜、因时制宜地采取相应措施。

“吐、纳”须有序

管理无定式，世上没有完全相同的两片叶子，亦不会有不经甄别，复制、粘贴后就能用的现成制度。员工都有先入为主的从众心理，空降的 HR 要学会从小事入手，拿捏得当，有的放矢地撕开管理的切入口，以博取员工的“好感”，使自己在“一击而中”的氛围中站稳脚跟。

HR 刚到一个新地方，总有千头万绪的事务需要理顺和处理，而如何选准突破口，一鼓作气解决既有体系下大家关注而又难度较大的“焦点”问题，是一个新来的管理人员能够站稳脚跟的切入点。一言以蔽之，把事情做对、做成才是硬道理。

对 HR 而言，大量的事务性活动占据了大量工作时间。初来乍到，踢好前三脚是为今后整体工作打好基础的“前奏”。那么，在 HR 的六大操作板块里面，找一两个员工习以为常、反复出现的小问题入手，效果会更好，最终起到“牵一发而动全身”的作用。

在工作起步阶段，以员工日常的“吐、纳”习惯作为解决问题的第一把火未尝不可。“吐”是指员工的吸烟问题，“纳”则是员工带早点进生产作业场所的情况。说实话，这两个看似不起眼的小问题其实在很多工厂都成了老大难问题。所以，根据我的从业感悟，HR 新人不妨从上述两方面开始，把握住结合点。

在具体的实施过程中，HR 新人要注意把控以下细节。

首先，HR 回溯一下在空降之前服务的工厂有没有关于吸烟和吃早点的既有规定，根据我本人的经验，十有八九应该有这方面的硬性规定，只不过在实际执行过程中像橡皮筋那样慢慢地疲软，人为执行时走样了。当然，不是说有了现成的条文就可以高枕无忧了，作为后来者，应该及时对原来的条文做修订和必要的调整，道理很简单，你原封不动地拿来使用，说到底还没有把制度“混血”成自己的东西，你使用的东西的版权还是人家授权给你的，没有形成自己的“××式管理”的风格，而这时你处于大家对你“察其行”的初级阶段，做事不可马虎大意。

其次，在主攻目标初步确定的情况下，要把目标变成结果，更确切地说，是把目标变成成果，拿到成果是管理永恒的主题。其他无助于成果实现的理论及动作都是无用功，事情做了，没有成果，一切都是徒劳的。

任何事情都是说起来容易做起来难，解决员工“吐、纳”问题也同理，那么，怎样才能有效执行呢？请看以下执行路线图。

我说过 HR 新人在制度条文的运用上切忌拿来就用，我并非强烈反对“照本宣科”，只不过出于大家对新人先入为主的新近效应的考虑，刚开始，最好适当体现一下自己的管理个性，为今后工作的全面开花奠定基础。

员工吸烟和吃早点的情况屡见不鲜，而大家也都习以为常、不以为然了。但是企业管理层、规范化的企业是不能让员工处于放任自流的失控状态的。

理由有两个：一是企业走在规范化的道路上，不能总存在看似“小儿科”而长久以往必将送到大病房，成为大病号的“慢性病”，进而影响其他管理课题实施。二是目前大多数企业都是一脉相承的私企，老板对员工吸烟和吃早点的现象极为反感，重压之下，势必要求 HR 拿出快刀斩乱麻的决心和勇气同旧的不良习惯做斗争。对老板而言，他最关心的不是你做事的过程有多么的不易和辛苦，他需要的是一个实实在在的、看得见的效果。

在具体的执行环节，HR 不妨从以下两个节点入手，以期“一击而中”。

第一，在自己的职权范围内召开若干个分层次的工作例会或恳谈会，记住，会议一定要控制时间、节奏，30 分钟之内比较合适。此外，还要弄点“动静”与前任区别开，比如，会议时间不必选整点时间，可以选择在 9：15 或者 10：45 等反常规的会议时间，切记不要以讨论的形式开会。否则，会议开成众说纷纭的头脑风暴会，作为会议主持人的你会很被动。一句话，此类会议要速战速决，不能给与会者在思想上留白，以免产生可有可无的错误信号。

第二，执行首先从自身和管理人员开始，上行必将下效。所以，全体管理人员自始至终都必须率先垂范，特别是会后要对所属的下属传达好遵守纪律的要义（尽管 HR 会在第一时间在公告栏等醒目位置张贴通知等），坚决杜绝执行时出现虎头蛇尾的状况。执行时要双重把关，门卫作为第一道防线，要切实担当起提示、监督、纠偏的责任，不要总与工友一团和气，拿规定卖情面。最大限度地对员工吸烟和吃早点进行既有原则而又显人性化的“阻击”，如此简单的动作重复做，必然会达到预期目标。

与此同时，二、三级层次的各部门要通力合作，一旦发现违纪苗头马上纠正，不可留情，让执行落不了地。俗话说：“县官不如现管。”部门内部管理比人力资源部有得天独厚的优势，作用不容小觑。人力资源部主打，各部门步调一致，吸烟和吃早点这两个看似很小且治而不断的问题会逐渐“失去市场”。当然，在对违规对象“执法”时，要看对象、分情况区别对待，不能一刀切，重要的是要取得老员工的支持和配合，通过以老带新实现制度、执行一体化，构建横向到边、纵向到底的执行网络，执行不留白，违纪到此为止，没有下不为例。

这样，持续进行 PDCA 的良性循环和闭环，使小事不小的员工“吐、纳”问题从根本上得以解决。

万事开头难，入职伊始的 HR 踢好前三脚确实很重要，是打开局面的一块“试金石”，意义不可小视。管理越简单越好，HR 要做的工作是把复杂的工作简单化和流程化，简单减少差错，流程促进规范。

不与员工发生肢体冲突

修身养性、宁静致远，在职场，HR 处理问题要干脆利落、不拖泥带水，能够实现目标且全身而退是 HR 处事的最高境界。我认为，这个境界只可意会不可言传，HR 不同于其他部门的主管，作为公司负责执行制度的“中流砥柱”，必须有超乎平常人的自我管控能力，或者是抗挫折的超强心理承受能力。

不与员工发生肢体冲突。我认为，这项工作有一定的普适意义，管理者管人理事，绝难独善其身。我们常说对事不对人，其实，人和事在某个事件中是交集存在的，是一个不可分割的有机整体，管理者在具体的事件中很难把事和人分门别类。说白了，职场中人在面对人事问题时常常把对事不对人挂在嘴边，它无非是一个缓冲对方情绪的道具。

要做到不与员工发生肢体冲突，需要 HR 练就忍辱负重、置之死地而后生的勇气和毅力，练好忍的功夫。古语云：“小不忍则乱大谋。”推而鉴之，爱憎分明而又不喜形于色、胸有成竹而又不信口开河，是衡量和鉴定一个企业 HR 基本功的主要维度。任何一个成功的 HR 无不是 EQ（情商）出众的性情中人，而他们对于忍的含义有更深层次的认识和理解。实践中，能够做到忍字当先，为实现目标而不争一时之高下、不逞一时之勇的HR能够笑到最后。

处事不能忍耐的人犯了管理的大忌，因为管理是同工作对象交心、沟通的互动过程，如果强调对对方行为控制的重要性而忽视人心需要被尊重的事实，结果必然适得其反，为达成目的而采取己所不欲的策略。把自己的修养和水平放在普通员工的高度，这是管理者常见的硬伤和弊端。作为过来人，形形色色的工作案例恍如在眼前晃动，让我每每体悟忍的不易和重要性，忍字头上一把刀，下面请跟随我研判一个真实的关于忍的案例。

某水暖配件制造公司新来了一位HR，姓乐，权且称呼他乐部（人力资源部部长），据说是从南国过来的精通HR全部板块运作的行业资深人士。新官上任三把火，此言不虚，但如何把火烧起来而又能够确保自己毫发无损，这其中有大学问。既摆平工作对象的行为，又顺势摆平思想才是硬道理，这位从南国过来的仁兄的摆平就有点操之过急而欲速则不达了。

入职第七天的工作日下午，乐部下车间巡视劳动纪律，大家知道，制造型企业是男员工的天下，这与其他流水线操作的岗位不同。车间里一人对应一台机器，岗位独立性较强，不存在依赖工艺流程的问题，而大家也能猜到男员工最难管的事情：吞云吐雾的吸烟问题！吸烟确实是一个令人头疼的老大难问题，作为员工的直接上级，车间班组长和主任不是不想管，而是管不住，员工们对领导都是熟人熟面不惧怕。另一个管不住的原因是产品交货期，销售部催得紧，需要员工加班加点提高产能。为完成工作任务，车间一线管理者为员工打开了违反规定吸烟的方便之门，有的员工戏称这是车间里面不成文的“精神福利”。为什么？

理由很简单，吸烟提神嘛！不吸烟的男员工倒是能够适应加班加点时吞云吐雾的环境，却苦了对烟味敏感及反感的女同胞。她们在生产方面的效能并不明显逊于男同胞，但是对烟味实在反感，自然颇有微词和怨言。于是，有大胆的女工把车间的违规状况直接汇报给人力资源部主管，当然，乐部也知道车间员工吸烟问题是个烫手山芋。但是，有群众投诉“不出警”可不行！

入职第七天的工作日下午 15：00，乐部从五金车间的偏门进入车间现场，避开了不少吸烟员工的视线。车间新员工王强恰好掏出打火机正要点燃一支香烟，说时迟那时快，乐部趋步上前，以迅雷不及掩耳之势夺下了王强口中的“战利品”。王强像木鸡般在工位上半天反应不过来，乐部用右手按着王强的左肩胛，声色俱厉地批评起来，车间刺头大飞见状便打抱不平：“咋啦？吃饱了没事干到车间逞威风是不？我们车间的事情，车间自己会解决！”说着，大飞的左手不自觉地搭在了乐部的右肩胛上面。在砂轮间正为新员工磨刀的车间王主任闻声急忙来到冲突现场，忙插进二人的“包围圈”，对刺头大飞好言相劝，好话说尽才把大飞“轰”离了王强的岗位，工友们一看大飞已“撤退”，便也一哄而散返回到自己的工位上继续干活。

这件事情令乐部感觉很不是滋味，他感觉自己继续待下去已经没有意义了，所见所闻的管理现状远比他想象中的复杂。他明白现有的管理土壤不能让他这颗纯粹的种子萌芽，他的规范化之路在这次突如其来的“执法”检查中遭到强力阻击。初战不捷，心情郁闷的乐部萌生去意。就这样，当初信心满满的管理之旅就此打住。

公司财务在第一时间给乐部结清了工资，采购小张奉命驾车把乐部送到了火车站。

家族制企业，有时需要管理的无间道。

忍者才能致远。忍字头上一把刀，谁能忍，谁就走得更远。不与员工发生肢体冲突是硬道理和处事底线。

漫谈6S及制度创新

不少HR谈6S色变，原因也不难理解，一句话，就是6S难搞；而制度创新也是HR心中永远的痛，害怕变革是HR的通病。

企业是人力资源集结的场所，离开了“人”，企业就会停止。

所以，以人为核心的现场管理和制度创新在企业的经营管理中起着不可或缺的杠杆作用。

企业的现场管理是一个广义上的中性词。管理其实是一个持续的改变观念、理顺关系的多向互动的过程，现场管理则是提升管理水平的升降平台或垂直电梯。

一说到现场管理，有的管理人员可能会简单地理解为“人事管理”，其实不然。现场管理的切入点在于以动制动，使生产区域在动态中保持常态，“人员、机器、物料、环境、方法”是现场管理的“五行”，缺一不可。而6S（整理、整顿、清扫、清洁、素养、安全）检查作为“人、机、料、环、法”的载体，起着润滑、优化现场管理“机器”的作用。

6S起源于日本，S是日文整理、整顿、清扫、清洁、素养、安全的罗马英文拼音的第一个字母的缩写。曾几何时，6S模式风靡宝岛台湾、改革先锋城市、广东珠三角等地区的日资、台资企业。十几年来，由于6S管理的普适性和实效性，国内特别是沿海众多规模性企业群起而仿之，领略了6S模式与众不同的功效，产生了一定的生产力。

那么，6S管理怎样开展才能行之有效？这的确是一个耐人寻味的课题。我认为，任何事情都离不开检查，检查是确保6S产生成效的必经之路，没有人愿意做你希望的事情，但是他们必须做你所检查的工作。

6S检查要制度化，层层推进，但是不能急功近利。有道是“风物长宜放眼量”，要配置相关的人员实施6S跟踪检查活动，同时量化生产区域内的固定工位、工作场所、窗台、现场工作室、车间通道、在制品、设备设施、操作安全、员工素养等检查标准，据此来考量日常检查的质量和成果。

我在公司里主导6S的推行工作，每周进行一次，每次均抽派一定比例的现场员工参加，以书面量化评比的方式现场打分，优胜团队授予锦旗，悬挂在现场正上方，以示激励和提升员工的士气，并把6S的考评与3P（即岗位、薪酬、绩效）挂钩。通过持续的PDCA循环，循序渐进地把6S现场检查的成效巩固起来。最终，以6S管理为载体达到提高员工素养的目的，并改善成本、质量、交货期、安全、士气等方面。

同时，6S的推行，也有效地减少了现场等待、搬运、动作及制造过多、过早和预备库存超量等浪费。6S管理需要全体员工，尤其是管理人员的主动介入和群策群力。换言之，没有管理人员和普通员工的联动，就很难产生相向而行的效果。一言以蔽之，6S是所有现场管理的支撑和改善平台，作用和意义不容忽视。

制度是企业的灵魂，是现场管理的组织保证，创新的制度起到了画龙点睛的作用。工欲善其事，必先利其器，把制度这个管理利器磨好、使用好是确保企业优质、高效、低耗、均衡、安全、文明生产的前提和基础。

在企业内部分工和岗位标准越来越精细化的今天，一部好的管理制度能够让管理人员事半功倍，员工心情舒畅。想必大家非常熟悉轮流分粥，分者后取的故事，在公开、公平的前提下，管理人员享受在后的分配方式会起到表率作用，从而使大家和平相处。同样，在 G 管理模式（人 + 制度 + 创新）的大气候下，用合适的制度管理工厂显得尤为重要。

现代企业的运转离不开绩效这把双刃剑，但是如果绩效的起点完全超越了员工承载的底线，盲目冒进，结果会适得其反，也会给企业管理带来副作用。

现场管理和制度创新都是以人为核心、以企业的效益最大化为前提，也就是说，不增值的工作都是无效的。制度是情、理、法三者融合的共同体，现场管理和制度相辅相成，最终制度决定现场管理的成败。打一个比喻，制度和现场管理的关系好比是汽车的方向盘和轮子，企业方向决定制度走向，而现场管理能最大限度地保证轮子的强度和力度始终如一地处于同步协调的状态。制度的成效要通过现场管理检验，创新的制度对企业来说是管理发展的“主心骨”，制度的可操作性设计非常重要。维持制度是用老办法解决老问题，改善制度是用新办法解决老问题，而创新制度是用新办法解决新问题，后者符合企业与时俱进的发展理念。

此外，现场管理要遵循关键掌控的原则，分清主次，有效地做好时间管理，而制度是让员工在行为规范中形成路径依托的思维导向，自觉做好自我教育、自我服务、自我控制。

合适的才是最好的，鉴于企业、产业不同，制度没有好与不好之分，而现场管理也不可能一日千里，同样需要日积月累的持续改善和优化。

毋庸置疑，6S 与制度创新是公司插翅腾飞的两翼，两者不可偏颇，这是我从事 HR 及企业文化策划工作的心得体会。作为公司的准高层管理者，我的管理思路是，公司组织框架内的各层级管理者不要让自己成为公司发展的瓶颈，对自己的角色定位要有准确的研判，多接地气，使工作更有成效。

目标与沟通

目标需要沟通，而沟通更需要目标支撑。作为 HR，需要用叫得响的理论武装自己。理论来自于实践而又指导实践，目标与沟通，或许就是 HR 左右逢源的两把刷子。

管理存在于企业的每个角落，而人际间的管理又是管理中的“重点领域”。企业的内部管理，没有现成的不经修饰可以直接复制或者翻版的模式，因为每个企业的实际情况千差万别，管理模式不会雷同也不允许雷同。如果企业不顾实际情况，全盘照搬照抄“教科书”式的所谓最前沿的新锐管理模式，那么，最终得不偿失的将是企业自身。

通观目前眼花缭乱的各种管理培训，企业受众要做的是**倾听——过滤——吸收——尝试——确定应用**。毋庸置疑，好的培训讲师精彩的演讲确实能给我们带来耳目一新的愉悦感，好的管理技术的确能转化为企业的生产力。我们应该承认，所有的培训都是有益的，至少员工可以接受新的管理理念，感受前沿的管理魅力。

目标、计划、规则、岗位、人员是管理的五要素，不可或缺。我作为其中“管”字号的普通一员，初步认为目标和沟通是管理内涵的体现和基本着力点，是公司实现可持续发展的匹配要素，不容小觑。

立竿见影的意思是一旦行动马上就会有效果，可在实际环境中，还要受诸多客观条件的制约。如果是下雨天或阴天，根本就不可能清楚地看到影子，所以说，企业的使命、愿景、价值观不同，产生的管理结果也不同。但是每个企业都有自己的管理目标，因为这是管理的先决条件，只有有了明确的管理目标，我们才能把事情做对、把产品做精，从而达到双赢或者多赢的目的。有一次，我去所在地的商会参加目标管理的培训讲座，培训师来自宝岛台湾，讲座的题目是**“好的目标是成功的一半”**。一开场，他的这个金句立刻引起了全场的共鸣，只可惜他的内容乏善可陈。**行之有效的目标必须是明确、可操作、可以实现、有完成期限、与其他目标具有相关性的目标**。

沟通是管理的前缀，沟通是管理的桥梁，沟通是实现目标的引擎。

而在管理过程中，管理者容易浮躁和急于求成，因此，沟通也存在盲点。真正的沟通其实不是简单的语言链接和信息传递，而是改变观念、理顺关系、实现目标，在动态中把握平衡的过程。在沟通过程中，管理者要消除位差效应。所谓的消除位差，是指在企业内部的沟通过程中要尽量适时、适当地采取合适的沟通方式，在同一平台上和谐沟通，效果会更好。总之，管理追求的是长效机制，管理者要像新闻记者一样，眼尖、腿快、口勤、心不乱，力争第一时间发现问题、在第一现场解决问题。

目标与沟通作为管理的中枢环节，两者相辅相成，既是手段也是目的。

此外，**沟通要量化、细化、程序化，能量化的就不文字化，能细化的就不概化，能程序化的就不应急化**。与此同时，沟通后还要延伸两个要素：即行动和成果。不采取行动就永远没有结果，而没有成果的结果也是不合格的。

我服务过的企业，既有规模上千人的劳动密集型的大工厂，也有几十人的小微企业，但是我在日常工作中把握住了目标与沟通——两个最根本的基调。不管企业人事风云如何变幻，目标与沟通都是不变的主题。

目标一旦确定，沟通就像开弓的箭一样，要朝着既定的方向出发，直至命中靶心为止，即实现目标。

那么，真正意义上的沟通意味着什么？

第一，要明确告诉别人是什么信息。

第二，需要对方给出一个明确的理解信号，即解码。最好让对方用不同的方式反馈所理解的意思，这样才知道对方是否理解了自己的意思。

第三，对方在吸收信息后，是否认同和接受是关键。如果接受，需要给出承诺，比如，什么时间可以完成，让工作进展有相对可控性。

第四，快到任务完成日期时提醒对方，让对方知道完成任务的时间快到了，是该交作业的时候了。

第五，在预定完成任务的截止日期，不管对方是否完成了任务，都要给项目参与人员做口头的工作质量鉴定，如有必要，也可采取书面形式，具体视双方的互动情况而定。当然，气氛应该是融洽的、和谐的，要尽量避免第三方的人为干扰。

有效的沟通可以避免不必要的误会和麻烦，达到既求同存异又目标一致的目的。

人力资源是企业里最大的资源，目标和沟通是人力资源中最重要的要素。沟通需要把握冲突与和谐之间、规范与变通之间、理性与情感之间、有序与无序之间、变与不变之间的度，需要相关方多方面互动。

目标与沟通存在于管理的所有环节，两者之间应该是同向而行，目标定位在哪里，沟通就应该前移至哪里。企业的不少管理人员认为目标与沟通具有排他性，一谈目标，他们的思想就开始“过敏”，一说沟通，他们就“心神不宁”，喜欢“散打”，对目标与沟通中的“规定动作”敷衍了事、心存顾虑。

其实，所有工作的开展都是一个流程闭环的起止过程。有的管理人员一门心思抗拒公司现有的规定、规程、规则，最喜欢无间道的工作模式，工作的发轫不以终极目标为导向，截止时间到了，交上来的还是半成品，根本就没有以任务为本的意识。这对公司是有百害无一利的。

目标需要沟通，而沟通更需要目标支撑……

博瑞森管理丛书

更多实战好书，请关注**“博瑞森图书直营店—淘宝网”**

淘 http://qiyeshudian.taobao.com/

宋新宇博士『简单』系列	 让管理回归简单 （升级版） 从目标、组织、决策、授权、人才、自我管理出发，提出最实用的解决方法	 让经营回归简单 （升级版） 从战略、客户、产品、员工、成长和经营管理者入手抓住企业经营的关键	 让用人回归简单 深度剖析用人的原则、难题、误区、方法，以及用人者的修炼，解决企业的用人难题
 7个转变，让公司3年胜出 李蓓 著	在消费者主权时代，从生产、营销、服务到组织管理，给出企业转型升级的具体操作路径	 升级你的营销组织 程绍珊 吴越舟 著	本土第1部营销组织实战专著，用有机性的营销组织力代替“营销能人”，打造战略统一、策略灵活、执行力强的高绩效营销队伍
 边干边学做老板 黄中强 著	一位创业20多年的民企老板的肺腑之言，带给老板86个实用忠告	 产品炼金术 史贤龙 著	告诉你打造畅销品的新思维与好方法
 卖轮子：选择最佳营销方式 【美】杰夫·科克斯等著	从新产品上市到市场成熟和企业转型，一个故事轻松把握营销精髓	 涨价也能卖到翻 【日】村松达夫 著	让每个顾客在你的产品上、在你的店里掏出更多的钱，让你的东西涨价也能卖到翻

续表

公司由小到大要过哪些坎 卢强　著	能长大的企业是有规律可循的，会依次经历试错、突围和转型3个阶段，让企业看清位置，并对接下来的路有所了解	成为优秀的快消品区域经理 伯建新　著	掌控市场+内部管理+常见误区+工具箱+自我提升，37个"怎么办"全面系统分析区域经理的工作关键点
华夏基石方法：企业文化落地本土实践 王祥伍　谭俊峰　著	作者10年积累、原创方法、一线资料，毫无保留奉献，是企业文化落地真正有洞察力和实操价值的一本书	跳出同质思维，从跟随到领先 郭剑　著	有效的思维框架和工具、66个企业案例深度剖析，帮助企业突破行业长期思维惯性，发现大片蓝海
传统行业如何用网络拿订单 张进　著	国内第1部针对中小企业的网络实战指导图书，作者以自己10多年的网络营销经验和研究积累为基础，为你带来最具实战性的建议	用流程解放管理者 张国祥　著	国内第1部针对企业的流程管理实战图书！实现流程管理从无到有、从有到全

书名及作者	内容简介
中层领导力 【韩】崔秉权等著	帮助中层管理者认清自身管理上的不足，快速提升领导力，更好地激发团队工作热情，实现下属、自身、企业的多赢
使命　驱动企业成长 高可为　著	企业的兴衰成败可以用一套经营逻辑和管理逻辑来解释，这套逻辑的起点和实践就是使命。这是中国第一部系统探讨企业使命的书
总部有多强大，门店就能走多远 IBMG国际商业管理集团　著	像沃尔玛、家乐福一样，掌控千家门店，成就零售帝国
高员工流失率下的精益生产 余伟辉　主编	本书是国内第一部融汇西方先进管理模式，结合中国本土社情和企业实际，综合介绍精益管理推行过程中如何应对和改善员工流失的里程碑式专著
采纳方法：破解本土营销8大难题 朱玉童　著	新观点、新思维、实践案例，系统全面归纳总结、提供切实方法，各个击破解决营销难题
采纳方法：化解渠道冲突 朱玉童　著	立体介绍渠道冲突的现象、原因、解决方法及渠道管理的观点、工具、非常具有实战性。形式上创新、情景化，带给读者阅读的愉快感

续表

书名及作者	内容简介
我们的营销真案例 联纵智达研究院　著	本书精选和系统阐述了5个专经营销咨询16年的联纵智达公司的真实营销案例
用数字解放营销人 黄润霖　著	从营销中的各个问题出发，教会读者如何运用“营销的数字技术”，并能够运用公式和真实可见的数据赢得市场和管理团队
麻烦就是需求，难题就是商机 卢根鑫　著	通过从顾客身上不断发掘顾客真正强烈的价值需求，选择合适的产品载体，帮你挖掘出市场真实需要的商机
本土化人力资源管理8大思维 周剑　著	立足中国本土实践，针对民营中小企业的独特的人力资源问题提出了一个系统、实用的新理论，从实际出发，帮助中小企业重新认识和解决企业中人的问题
用流程解放管理者2中小企业规范化管理 张国祥　著	规范化管理不再是大企业的专利。张国祥老师将企业规范化管理的各个方面系统地讲述出来，为中小企业的规范化管理指明方向，值得广大中小企业借鉴
阿米巴经营的中国模式 李志华　著	阿米巴经营理论来自于管理学泰斗稻盛和夫，本书将该理论进行了中国本土化的发散和拓展，形成一套专业完整的体系，具有很强的工具性及学术、实战价值
集团化人力资源管理实践 李小勇　著	系统性阐述了集团化人力资源管理方面的内容，适合集团企业的人力资源专业人员阅读学习
老板、经理人双赢之道 陈明　著	从企业家和经理人尤其是“空降经理人”共生的角度出发，发现问题、化解矛盾，让沟通变得简单、透明，让双方实现共赢
走出薪酬管理误区 全怀周　著	本书梳理了薪酬体系构建中常见的8个误区，针对这8个误区，分别给出分析和解决方法
企业文化的逻辑 王祥伍　著	从这部书里，可以透彻了解文化、了解企业文化的根源，同时又不是高深和脱离实际的学术观点，读者会从中获得知识、得到点拨，或是感叹原来如此
快消品营销与渠道管理 谭长春　著	本书立足快消品行业，帮助老板、营销总监、区域经理等各层管理者解决自己日常涉及的员工管理和渠道管理事务
招招见销量的营销常识 刘文新　著	全面解开你的销量之谜，读完本书，你的每一个营销动作都可以提高销量、降低成本
回归本源看绩效 孙波　著	企业对于绩效管理的应用可能进入了神秘化和技术化的误区，本书回归绩效管理的概念和本质，梳理绩效与企业经营的关系
企业文化激活沟通 宋杼宸　安琪　著	企业文化对于组织沟通状况的影响是根本性的。本书系统阐述沟通与企业文化的关系，帮助企业构建提升沟通效能的企业文化解决方案
华夏基石方法：人才评价中心（超级漫画版） 邢雷 朱军梅 郑雪琴 张小斐著	国内第一本用漫画形式书写的人才测评专业书籍
企业二次创业成功路线图 夏惊鸣　著	本书是对企业发展中的一个具体阶段的思考，即从机会主义转向战略成长过程中的经营和管理问题的梳理
车间人员管理那些事儿 岑立聪　著	本书是作者十余年制造业员工管理工作的一线实践案例，作者用细腻平实的语言，讲述了自己在处理各种“疑难杂症”方面的经验和方法

续表

博瑞森行业丛书	
书名及作者	内容简介
白酒营销的第一本书 唐江华　著	国内第1部白酒营销实战指导图书，帮你打开白酒营销大门
白酒经销商的第一本书 唐江华　著	第1部写给白酒经销商的实战全指导，为你答疑解惑
食用油营销第1书 余盛　著	从食用油的概况入手，小包装食用油的营销常识、品牌战略、营销方法，以及细分品类分类营销手段
乳业营销第1书 侯军伟　著	乳业营销的第1本书！从区域性乳品企业的实际情况出发，捕捉到他们最大的特点和现实中存在的关键问题，梳理出一条清晰的脉络，并提出了明确的解决方法
新医改下的医药营销与团队管理 史立臣　著	本书立足最新医改政策的解读，提供丰富的本土企业实践案例，为民营企业指明方向，提供变革之路，以及具体的方法措施
农资营销实战全指导 张博　著	农资营销实战的第1本书！如何找到提高销售效率和服务价值的营销模式是整个农资行业的重要命题，而本书就为您提供了完美答案
精品银行管理之道 崔海鹏　何屹　主编	本书提出打造精品银行是中小银行发展的战略选择，并从产品、业务、经营、客户、风险、团队等多个角度入手，全面又贴合实际地为读者提供行之有效的方法
建材家居营销实务：新环境、新战法 程绍珊　杨鸿贵　主编	站在营销模式创新的角度，为行业、企业营销开辟了一条新道路，并提供了具体的操作方法与参考案例供读者切实学习使用
农产品营销实战第一书 胡浪球　著	农产品实战营销的第1书！立足本土，33个核心问题配合生动案例，农产品营销盈利不再难
医药营销与处方药学术推广 马宝琳　著	作者用平时的语言、轻松的笔触、原创的模型和亲身操作的成功案例，为大家讲述处方药医学策划如何让“平民产品”变成“明星产品”
新医改了，药店就要这样开 尚锋　著	中小型药店如何确定未来方向？如何立足于自身现有优势，分析或挖掘市场生态和需求？如何在竞争激烈的市场谋求突破和实现稳步增长？本书给你答案
零售：把客流变成购买力 丁昀　著	本书立足于本土实践，从整个行业的角度出发，分析业态特点，提出行业转型升级之道，并辅以大量实际案例，分析具体方法。零售行业必看的一本书
中国茶营销第一书 柏襲　著	本书扎根行业，各个击破，在茶叶营销独具特色的各个方面深入浅出的为读者提供具体方法

博瑞森管理丛书
征稿启事

当中国和中国企业崛起成为全球共识，本土管理咨询、管理研究与创新正随之兴起。

谁是中国企业最信任、最渴求的管理专家？

何种管理思想、方法更适合当下中国企业？

博瑞森图书联合国内诸多管理专家、专业媒体、出版社向本土管理咨询师、企业管理者、管理研究者征稿！希望通过“博瑞森图书”这一本土管理图书的出版平台，为广大管理专家提供研究、创新成果展示机会，让更多有利于中国企业崛起的好思想、好方法迸发出来，为企业助力，为中国加油！

无论您目前是否已有待出版的内容，只要您认为自己的思想符合我们的出版方向、标准，请您与我们联系，将您的个人简介、或博客链接、或文章等相关个人资料发送到：bookgood@126.com.我们将会协助您策划图书选题方向、整理内容资料、制定写作计划，并按照商业化出版模式出版、发行、推广您的作品。我们在为读者寻找好内容、出版好书，所以**特别说明：此活动绝非“自费出书”，不向作者收取任何成本、费用。**

其他联系方式：010－84645015 qq：1963328416

博瑞森图书已出版图书示例：《让管理回归简单》、《让经营回归简单》、《让用人回归简单》、《中层领导力》、《涨价也能买到翻》、《用流程解放管理者》、《边干边学做老板》、《卖轮子》（获2010年和讯年度图书奖）、《交易心理分析》（获2011年度上海“第一财经日报”投资图书奖）。